Schuld
und Gefährlichkeit

im Entwurf zu einem italienischen Strafgesetzbuch

von

Dr. iur. Erich Ebermayer

Berlin und Leipzig 1923

Walter de Gruyter & Co.

vormals G. J. Göschen'sche Verlagshandlung — J. Guttentag, Verlagsbuchhandlung — Georg Reimer — Karl J. Trübner — Veit & Comp.

Meinem Vater

Inhaltsverzeichnis.

I. Abschnitt.

Einleitung.

Die Strafrechtsreformbestrebungen in den verschiedenen Ländern.

§ 1. Geschichtlicher Überblick.

Πάντα ῥεῖ. Wenn für irgend eine Dekade der letzten hundert Jahre deutscher Entwicklung dieser Satz vom Fließen aller Dinge Geltung beanspruchen darf, dann für die, in deren Anfang wir jetzt stehen.

Nach einem halben Jahrhundert mühsamer, von vielfachen Hemmungen und häufigen Rückschlägen begleiteter Entwicklung des deutschen Staatenbundes zum deutschen Bundesstaat war es schließlich Bismarck gelungen, die deutschen Stämme zum Deutschen Reich zu einen. Eine Verfassung wurde von ihm geschaffen, die zugeschnitten war auf eine einzelne kraftvolle Persönlichkeit als Kanzler, auf einen klugen, sich weise im Hintergrund haltenden Monarchen und auf ein Parlament ohne entscheidende Funktionen. Die der Reichsgründung folgenden Jahrzehnte aber, äußerlich im Zeichen treibhausschneller Entwicklung stehend, brachten mit dem Übergang der Krone auf Wilhelm II., dem Ausscheiden Bismarcks, dem allmählichen Erstarken der Sozialdemokratie und der Entwicklung Deutschlands zu einem Industrie- und Handelsstaat mit Anspruch auf weltwirtschaftliche Bedeutung immer tiefer klaffende Risse in den Bau des Reiches. Stärker machte der vierte Stand, die organisierte, klassenbewußte Arbeiterschaft, zahlenmäßig in rapidem Anwachsen begriffen, seine Rechte auf Mitwirkung an der Leitung des Staates und auf Befragen um seinen Willen geltend. Die Reichsgesetzgebung zum Wohle der Arbeiter in den achtziger und neunziger Jahren war nur eine notdürftige Konzession ohne ausschlaggebende Bedeutung. Auch der Beginn des Weltkrieges mit seinem einmütigen Zusammenstehen der gesamten Nation in der Stunde der Not erwies sich als eine nur vorübergehende Erscheinung, die die Gefahren nicht verschleiern durfte, die dem Staate, wie er sich auf der Reichsverfassung vom 16. April 1871 gründete, durch das Proletariat drohten. Der verlorene Krieg beschleunigte nur eine Entwicklung, die im Wesen der Zeit bedingt war: der elementare Nervenzusammenbruch des deutschen Volkes im November 1918 verhinderte in Gestalt der anorganischen Revolution eine allmähliche, organisch sich vollziehende Evolution. Im August 1919 erhielt die deutsche Republik sodann eine neue, auf republikanisch-demokratisch-parlamentarisch-unitarischem Grunde aufgebaute Verfassung, die seither nur in geringfügigen Einzelheiten Änderungen erfahren hat.

Diese hier nur in ihren äußersten Umrissen zu zeichnende Entwicklung hat sich mehr oder minder ausgeprägt und zu mehr oder minder einschneidenden äußeren Staatsumwälzungen führend in den letzten hundert Jahren in allen Ländern europäischer Kultur vollzogen. Auf unserem ganzen Kontinent sehen wir die Völker den Weg vom vorwiegend ackerbautreibenden zum industriellen Staat gehen. Überall sehen wir, damit verbunden, das Anwachsen und Aufsteigen einer organisierten Arbeiterschaft, die sich zunächst neben Adel und Bürgertum stellt, um beide bald an Bedeutung zu überflügeln; überall sehen wir auch eine Erweiterung des weltpolitischen Horizontes und der weltpolitischen Wirkung des Staates als solchen.

§ 2. Die Strafrechtsreform Außereuropas.

Hand in Hand mit dieser großen sozialen und politischen Umwertung der Begriffe geht in vielen Ländern gerade im letzten Jahrzehnt eine z. T. erst geplante, z. T. bereits durchgeführte Reform desjenigen Gesetzes, das am stärksten und unmittelbarsten den Wandel politischer und ethischer Anschauungen eines Volkes widerspiegelt: des Strafgesetzes.

Schon mit Beginn dieses Jahrhunderts taucht fast in jedem zivilisierten Land der Erde der Gedanke auf, die jeweils bestehende und durch die Zeitverhältnisse allmählich überholte Strafgesetzgebung zu reformieren und den veränderten und sich dauernd weiter verändernden wirtschaftlichen und politischen Verhältnissen anzupassen. In drei Erdteilen, in Europa, Asien und Amerika, sehen wir in den letzten zwanzig Jahren Entwürfe zu neuen Strafgesetzbüchern entstehen und neue Strafgesetze in Kraft treten. In vielen, besonders in außereuropäischen Ländern ist diese Strafrechtsreform bereits abgeschlossen, anderswo, vor allem im Abendlande, stehen wir noch mitten darin.

So erhielt Niederländisch-Indien 1918 ein neues Strafgesetzbuch, von den amerikanischen Staaten Venezuela 1904, Ecuador 1906 ein solches; im fernen Osten wurde die Strafrechtsreform in China 1912, in Japan, Korea und Siam 1908 beendet, während in Brasilien ein Entwurf von 1913, in Argentinien Entwürfe von 1906 und 1907 vorliegen.

§ 3. Die Strafrechtsreform in den europäischen Ländern.

In den europäischen Ländern haben die Reformarbeiten ganz allgemein noch zu keinem endgültigen Abschluß geführt. Auch hier ist man aber mit Ausnahme gerade der drei größten Mächte: England, Frankreich und Rußland, die sich bisher auf Novellengesetzgebung beschränkt haben, eifrig am Werke, grundlegende Strafrechts- und damit vielfach verbundene Strafvollzugsreformen durchzuführen. Neben Dänemark, Polen, Serbien und Ungarn sind hier vor allem die bereits vorliegenden Entwürfe Deutschlands, Deutsch-Österreichs, Schwedens, Italiens und der Schweiz zu nennen, auf deren Entstehungsgeschichte, mit Ausnahme der des italienischen Entwurfs, die später ausführlicher zu behandeln sein wird, an dieser Stelle kurz eingegangen werden soll.

a) Deutschland. Gleichlaufend fast mit der oben in ihren äußersten Grundrissen aufgezeichneten geschichtlichen Entwicklung Deutschlands in den letzten fünfzig Jahren sind als ein beinahe getreues Abbild der großen politischen Ereignisse die Geschichte der deutschen Strafgesetzgebung und die Bestrebungen ihrer Reformierung zu beobachten. Fällt doch die Geburtsstunde des deutschen Strafgesetzbuches fast zusammen mit der bis 1918 geltenden Reichsverfassung, und wird doch auch vermutlich die Todesstunde dieser Reichsverfassung und die des Strafgesetzbuches von 1871 sub specie historiae zeitlich kaum weit auseinander liegen. Reichsverfassung und Strafgesetzbuch hatten so ein halbes Jahrhundert lang gemeinsam als wesentlichste Pfeiler den Bau des Deutschen Reiches zu tragen. Ebenso wie die Reichsverfassung hat auch das strafrechtliche Gewand, nach einem siegreichen Kriege dem deutschen Volke angemessen, dem sich dehnenden und wachsenden Volkskörper nicht mehr genügen können, und lange, bevor man an eine durchgreifende Änderung der schwerer beweglichen und naturgemäß nur durch außerordentliche Geschehnisse abänderbaren Reichsverfassung dachte, hatte man bereits eine grundlegende Reform des Strafgesetzbuches von 1871 ins Auge gefaßt.

Bereits im Jahre 1902 hatte der damalige Staatssekretär des Reichsjustizamtes Dr. Nieberding die Notwendigkeit einer allgemeinen Reform des Strafrechts erkannt. Im November 1902 bildete sich auf seine Anregung hin im Reichsjustizamt in Berlin ein wissenschaftliches Komitee von führenden Strafrechtsprofessoren. Sowohl die klassische wie die moderne wie auch die zwischen beiden vermittelnde Schule (s. u. § 9) waren durch ihre Führer, u. a. durch Wach, Kahl, v. Lilienthal, v. Liszt, Frank und v. Hippel, vertreten. Unter Mitarbeit nahezu sämtlicher Lehrer des Strafrechts an deutschen Universitäten wurde von diesem Komitee in siebenjähriger Arbeit eine „Vergleichende Darstellung des deutschen und ausländischen Strafrechts“ geschaffen, die die Ergebnisse der Rechtsvergleichung zwischen den einzelnen Kulturstaaten zusammenstellte, sie kritisch beleuchtete und daraus Schlüsse und Vorschläge für die geplante Reform des deutschen Strafrechts zog. Auf Grund dieses umfangreichen wissenschaftlichen Werkes erschien als Ergebnis der Tätigkeit einer Kommission praktischer Juristen unter Vorsitz des damaligen Direktors im preußischen Justizministerium Lucas der „Formulierte Vorentwurf zu einem deutschen Strafgesetzbuch nebst Begründung", der nicht den Standpunkt einer bestimmten wissenschaftlichen Richtung vertrat und im allgemeinen in der Öffentlichkeit Billigung fand. Um die Weiterarbeit auf der durch diesen Vorentwurf geschaffenen Grundlage zu fördern, stellten in den folgenden beiden Jahren die Professoren Goldschmidt, Kahl, v. Lilienthal und v. Liszt einen Gegenentwurf mit Begründung auf, während von 1911—1913 eine Kommission von einundzwanzig Juristen aus Theorie und Praxis unter Vorsitz von Lucas und später von Kahl den „Kommissionsentwurf von 1913" ausarbeitete, der aber zunächst unveröffentlicht blieb und dann, durch die Kriegsereignisse und den Umschwung der politischen Verhältnisse in vielem überholt, neuerdings von einer auf Anregung des damaligen Staatssekretärs Dr. v. Krause gebildeten Kommission überprüft und den neuen Verhältnissen angepaßt wurde. Die Arbeiten dieser Kommission waren im November 1919 beendet. Es wurde darauf im Reichsjustizministerium eine Denkschrift zu diesem „Entwurf von 1919" hergestellt und beides Anfang 1921 zusammen mit dem Kommissionsentwurf von 1913 veröffentlicht. Der Entwurf von 1919 ist ebensowenig wie der Vorentwurf, der Gegenentwurf und der Kommissionsentwurf ein Regierungsentwurf. In ihm haben die Verfasser „lediglich ihren persönlichen Überzeugungen Ausdruck gegeben",[1]) und die Reichsregierung sowie die Regierungen der Länder lehnen jede Verantwortung für den Inhalt ausdrücklich ab. Zur Zeit befindet sich, nachdem die Aufstellung eines offiziellen Regierungsentwurfes nach Mitteilung des damaligen Reichsjustizministers Dr. Radbruch

[1]) Denkschrift zum Entwurf von 1919.

beendet ist, der Entwurf im Kabinett. Welchen Wandlungen er inhaltlich durch den abermaligen Wechsel in der Leitung des Reichsjustizministeriums unterworfen sein wird, ist noch nicht bekannt. Jedenfalls wird dies nunmehr zwanzigjährige Reformwerk auch in den nächsten Monaten noch nicht zu Ende geführt werden können, und, bis das neue dem deutschen Volke dringend notwendige Strafgesetzbuch in Kraft treten kann, wird möglicherweise die Mitte des Jahrzehntes herankommen.

b) Österreich. Wenn wir geneigt sind, das Vierteljahrhundert Reformarbeit, das in Deutschland nötig sein wird, um ein neues, der Zeit gemäßes Strafgesetzbuch erstehen zu lassen, für eine lange Zeitspanne zu halten, so brauchen wir nur die Reformarbeiten unseres Schwesterlandes Österreich-Ungarn, bez. Deutsch-Österreich, in Betracht zu ziehen, um festzustellen, daß eine fünfundzwanzigjährige Reifezeit für ein neues Strafgesetzbuch keine unverhältnismäßig lange Frist ist.

Das geltende österreichische Strafgesetzbuch vom 27. Mai 1852 beruht im wesentlichen auf dem Strafgesetz von 1803. Dieser Umstand macht es erklärlich, daß in Österreich noch viel eher als bei uns der Zustand eintrat, daß „die Strenge der Strafdrohungen, die verhältnismäßige Wertung der Rechtsgüter und der Umfang, den das Gesetz dem gerichtlich strafbaren Unrechte gegeben hat . . . mit den Anschauungen und Bedürfnissen unserer Zeit in Widerspruch“[1]) steht. So wurde in Österreich bereits acht Jahre nach Inkrafttreten des Strafgesetzbuches von 1852 im Februar 1861 die Ausarbeitung eines neuen Strafgesetzbuchs durch Allerhöchste Entschließung angeordnet. Der erste, im wesentlichen durch den Sektionschef v. Hye getätigte Reformversuch, der sich ein Jahrzehnt lang hinzog, blieb jedoch ohne Erfolg. Nach dem Inkrafttreten des deutschen Strafgesetzbuchs von 1871 trat man in Österreich-Ungarn neuerdings dem Reformgedanken näher. Aber

[1]) Einleitung zu den erläuternden Bemerkungen zum Entwurf eines österreichischen Strafgesetzbuches. XXI. Session; 1912.

weder dem durch den Justizminister Glaser 1874 dem Herrenhause vorgelegten Entwurf noch zwei weiteren Entwürfen war Erfolg beschieden. Ein frischer Zug kam erst wieder durch den Justizminister Graf Gleispach in die Reformbestrebungen, als dieser 1895 eine Ministerialkommission einsetzte, die auf neuer Grundlage einen Entwurf ausarbeiten sollte. Im Herbst 1902 war dieser Entwurf zustande gebracht, wurde von namhaften Juristen durchberaten und 1906 dem Justizministerium vorgelegt. Gleichzeitig mit dem Entwurf eines Strafgesetzbuches wurden dem Minister die Entwürfe von vier anderen Gesetzen, nämlich eines „Gesetzes betreffend die Festsetzung polizeilicher Strafbestimmung über Gegenstände, die bisher im Strafgesetz geregelt weren“, eines „Gesetzes über die zwangsweise Anhaltung zur Arbeit“, eines „Gesetzes, womit die Strafprozeßordnung abgeändert wird“ und eines Einführungsgesetzes unterbreitet. Vor Einbringung der Gesetze in den Reichsrat wurden auf Anregung des Justizministers Dr. Klein die Gutachten einer Anzahl von Rechtslehrern österreichischer Universitäten und die hervorragender praktischer Juristen eingefordert, worauf der Entwurf zum Strafgesetzbuch nochmals unter Berücksichtigung dieser Gutachten von einer engeren Kommission durchberaten wurde, der unter anderem die Professoren Graf Gleispach, Groß und Lenz angehörten. Darauf wurde von der gleichen Kommission die Beratung der prozeßrechtlichen Entwürfe unternommen. Im Herbst 1909 wurden die nunmehr fertiggestellten Entwürfe des neuen materiellen und prozessualen Rechts als „Vorentwürfe“ veröffentlicht und im Jahre 1912 als „Regierungsentwürfe“ nach neuen Beratungen, Berichtigungen und Abänderungen mit erläuternden Bemerkungen der Öffentlichkeit übergeben.

Die Kriegsjahre und der darauffolgende Zusammenbruch und Zerfall des österreichisch-ungarischen Kaiserreiches haben den Abschluß der Reform zunächst unmöglich gemacht. Die Veröffentlichung des deutschen Entwurfs von 1919 erst hat auch in Deutsch-Österreich den Weitergang der Reformarbeiten wieder in Fluß gebracht und den Gedanken entstehen lassen, wenn schon die staatliche Verschmelzung Deutschlands mit Deutsch-Österreich in absehbarer Zeit undurchführbar ist, dann doch wenigstens ein beiden Ländern gemeinsames Strafrecht zu schaffen.

Zunächst trat man mit dem Ziel der „Angleichung" beider im Entstehen begriffenen Gesetzbücher an die Arbeit heran. Im Oktober 1921 wurde der deutsche Entwurf von 1919 auf einer Tagung der Österreichischen Kriminalistischen Vereinigung umfassenden Beratungen unterzogen[1]), die durch gleichzeitige Erörterungen im deutschen Lager durch Exner und M. E. Mayer in der deutschen Landesgruppe der Internationalen Kriminalistischen Vereinigung und auf dem deutschen Juristentage Anregung erhielten, zu Gegenvorschlägen führten „und sich schließlich zu einem förmlichen Gegenentwurf verdichteten"[2]). Auch dieser „Gegenentwurf" lehnt jeden amtlichen Charakter ab und wünscht nur „die Gesamtheit der bei der Strafrechtsreform zu lösenden grundsätzlichen Fragen noch einmal zur öffentlichen Erörterung zu stellen"[3]).

Bei der in diesen Monaten im Reichsjustizministerium in Berlin fertiggestellten Abfassung eines deutschen Regierungsentwurfes hat eine Mitwirkung Deutsch-Österreichs stattgefunden, und so bleibt zu hoffen, daß die Vereinigung beider Länder auf strafrechtlichem Boden in der nächsten Zeit zur Tatsache werden wird.

c) Schweiz. Werfen wir endlich, bevor wir uns der Darlegung der Grundprinzipien aller Reformbestrebungen im In- und Ausland zuwenden, noch einen kurzen Blick auf die Entstehungsgeschichte des Schweizer und der nordischen Entwürfe. In der Schweiz besteht bis heute noch bez. des Strafrechts ein Zustand der Rechtszersplitterung, vergleich-

---

[1]) Das Ergebnis dieser Beratungen zusammengestellt von Gleispach: „Der deutsche Strafgesetzbuch-Entwurf, Leipzig 1921."

[2]) Einleitung zum österreichischen Gegenentwurf zu dem Allgemeinen Teil des ersten Buches des deutschen Strafgesetzbuch-Entwurfes von 1919, Wien 1922.

[3]) Ebenda.

bar dem in Deutschland vor der Reichsgesetzgebung von 1871 herrschenden. Nur die Verbrechen gegen den Bund, die Verbrechen der Bundesbeamten sowie einige wenige andere Delikte sind bisher einheitlich durch das Bundesgesetz vom 4. Hornung 1853 geregelt. Eine Anzahl strafrechtlicher Bestimmungen betr. andere Delikte ist in verschiedenen eidgenössischen Gesetzen enthalten. Seit langem wird diese Rechtszersplitterung in der Schweiz als schwerer Mangel empfunden und auf eine Vereinheitlichung des Strafrechts hingearbeitet. Bereits vor der Botschaft des Bundesrats vom 28. November 1896, betr. die Revisionen der Bundesverfassung zur Einführung der Rechtseinheit, machten sich Bestrebungen geltend zur Herbeiführung eines einheitlichen, für alle Kantone geltenden Strafrechts. Diese Arbeiten, von Stooß geleitet, fanden ihren vorläufigen Abschluß im „Vorentwurf eines schweizerischen Strafgesetzbuches nach den Beschlüssen der Expertenkommission", der im Jahre 1896 veröffentlicht wurde. Als Ergebnis der Arbeiten einer weiteren, von 1901 bis 1903 tagenden Kommission, der auch Stooß angehörte, gelangte zunächst ein „Vorentwurf zu einem schweizerischen Strafgesetzbuch und zu einem Bundesgesetz, betr. Einführung des schweizerischen Strafgesetzbuches, Juni 1903" und weiterhin ein „Vorentwurf zu einem schweizerischen Strafgesetzbuch, neue Fassung der Expertenkommission, April 1908" zur Veröffentlichung. Im Juni 1911 wurden dann, nachdem die Beratung des schweizerischen Zivilgesetzbuches erfolgreich beendet war, von den Räten die Arbeiten an dem Strafgesetzentwurfe wieder aufgenommen, indem eine zweite (große) Expertenkommission zusammentrat, die in den Jahren 1912 bis 1916 ihre Arbeiten ausführte und schließlich den „Vorentwurf zu einem schweizerischen Strafgesetzbuch, Fassung der Expertenkommission, Oktober 1916" der Öffentlichkeit übergab. Im Juli 1918 wurde der Bundesversammlung der offizielle Regierungsentwurf (Allgemeiner und Besonderer Teil) mit ausführlicher Begründung überreicht, indem der Weltkrieg nicht als Hemmnis der Durchführung der Reform angesehen, es vielmehr als „die schöne Aufgabe der vom

Kriege und seinen Schrecken verschonten Ländern und Staaten" betrachtet wurde, „die Arbeit an Friedenswerken der Gesittung um so kräftiger zu fördern, als sie in den kriegführenden Staaten naturgemäß unterbunden und zurückgestellt worden ist"[1]. Zu einem endgültigen Abschluß ist aber auch in der Schweiz die nun fünfundzwanzig Jahre währende Arbeit an der „nationalen Einigung" durch ein gemeinsames, modernes Strafrecht noch nicht gelangt.

d) Dänemark. In Dänemark gilt augenblicklich das Strafgesetzbuch vom 10. Februar 1866, das inzwischen durch Gesetze vom 1. April 1905 und 1. April 1911 teilweise abgeändert worden ist. Die Vorarbeiten zu einem von Grund auf neuen Strafgesetzbuch haben in Dänemark zum Entwurf von 1911 geführt. Ein Gegenentwurf von Torp, 1917 vorgelegt, bildet jetzt den Gegenstand von Kommissionsberatungen.

e) Schweden. In Schweden ist das seit 1. Januar 1865 geltende Strafgesetzbuch durch Gesetze von 1887 und 1890 abgeändert worden. Die Vorarbeiten zu einem neuen Entwurf reichen hier bis in das Jahr 1888 zurück. Sie sind in den letzten zwei Jahrzehnten vor allem mit dem Namen des Professors des Strafrechts an der Universität Lund Johann C. W. Thyrèn verbunden. Im Auftrag der schwedischen Regierung hat Thyrèn als Einführung in den Vorentwurf zu einem neuen schwedischen Strafgesetzbuch „eine sukzessive Erörterung der verschiedenen Hauptteile des Strafrechts"[2] 1910 erscheinen lassen, um nicht erst, wie sonst üblich, nach Fertigstellung eines Entwurfs, sondern, solange die eigentliche Gesetzesarbeit noch im Flusse ist, die grundlegenden Prinzipien des geplanten Entwurfes darzulegen und damit dem In- und Ausland Gelegenheit zu positiver Kritik zu geben. Auch in Deutschland und Deutsch-Österreich hat dieser Appell Thyrèns Widerhall gefunden,

---

[1] „Botschaft des Bundesrats an die Bundesversammlung zu einem Gegenentwurf, enthaltend das schweizerische Strafgesetzbuch. Vom 23. Juli 1918." S. 100.

[2] Thyrèn: „Prinzipien einer Strafgesetzreform", I. Band, Guttentag, Berlin 1910.

es seien nur die Darlegungen von Ötker[1]), Stooß[2]) und Löffler[3]) erwähnt. 1916 erschien dann als persönliches Werk Thyrèns — nicht als Ergebnis der Arbeiten einer Kommission — der Allgemeine Teil des Vorentwurfs, in den Jahren 1917 bis 1920 in drei Abteilungen der Besondere Teil.

II. Abschnitt.

Die Strafrechtstheorien; Wesen und Zweck der Strafe.

§ 4. Wesen und Zweck der Strafe.

Nachdem wir so die Entstehungsgeschichte der fünf wesentlichsten zur Zeit in Vorbereitung befindlichen Strafgesetzbücher Europas — mit Ausnahme der des italienischen — haben an uns vorüberziehen lassen, bedarf es, bevor wir auf das eigentliche Thema der vorliegenden Arbeit: „Schuld und Gefährlichkeit im Entwurf zu einem italienischen Strafgesetzbuch" zu sprechen kommen, einer Klarlegung der Richtungen, zu denen alle diese Entwürfe in irgend einer Form Stellung nehmen mußten. In diesem Zeitalter der Entwürfe und mehr noch in den Jahren, wo alle die Entwürfe zu endgültigen Gesetzen heranreifen sollen, wo also, was jetzt vom Standpunkt der einen oder anderen Richtung erreicht und nicht erreicht wird, auf Menschenalter hinaus unmittelbar fortwirken wird, ist es begreiflich, daß jede Richtung, jede „Schule" aufs schärfste die von ihr propagierten Ideen verficht.

Die Frage nach dem Wesen und Grund der einzelnen verhängten Strafe sowohl wie des ganzen methodisch geordneten Systems, das wir „Strafrecht" nennen, ist eine Frage, die nicht ohne weiteres in das Gebiet der Philosophie, ihrer eigentlichen Heimat, verwiesen werden darf. Sie drängt sich ganz von selbst jedem auf, der sich mit Straf-

---

1) Gerichtssaal, 1914.
2) Schweizerische Zeitschrift für Strafrecht, 1918.
3) Österreichische Zeitschrift für Strafrecht, 1912.

recht als Wissenschaft und mit „Strafen“ als Tätigkeit zu befassen hat.

So hat man, vermengend mit dieser philosophisch-rechtsdogmatischen Frage nach dem Wesen der Strafe eine andere, rechtspolitische, die nach dem Zweck der Strafe, seit langem eine Reihe von „Strafrechtstheorien“ oder besser, da, wie M. E. Mayer betont, in Wahrheit nicht das Strafrecht, sondern die Strafe Gegenstand der Betrachtung ist, eine Reihe von „Straftheorien“ aufgestellt.

§ 5. Die absoluten Straftheorien.

Die absoluten Straftheorien sehen im Verbrechen den alleinigen Grund der Strafe. Gestraft wird nach ihnen, nicht weil abgeschreckt, gebessert, gesichert, erzogen oder unschädlich gemacht werden soll, sondern einfach und allein deshalb,weil dieser Täter diese Tat begangen hat. Punitur, quia peccatum est. Dem Täter soll durch die öffentliche Gewalt, durch den „Staat“, ein Übel zugefügt werden, das ungefähr dem Übel entspricht, das er seinerseits dem einzelnen oder auch der Allgemeinheit zugefügt hat. Die Strafe ist hiernach Vergeltung.

Die ursprünglichen Vertreter dieser absoluten Theorien sind ausschließlich Philosophen. Sie begründen darum auch ihre Ansicht vom Wesen der Strafe rein philosophisch:

a) Kant, indem er, durchaus individualistisch, das Strafgesetz für einen kategorischen Imperativ hält, für ein Postulat der praktischen Vernunft, das mit Gesellschaftszwecken nichts zu tun hat. Für Kant ist die Strafe reine Vergeltung, ius talionis, das alttestamentarische „Auge um Auge, Zahn um Zahn“.

b) Stahl erblickt die Rechtfertigung der Strafe in einer göttlichen Weltordnung; die Strafe ergibt sich für ihn mit religiöser Notwendigkeit aus dem Unrecht. Durch die Tat des Verbrechers ist das Gebäude der göttlichen Weltordnung ins Wanken geraten; dies darf der Staat als Hüter der göttlichen Weltordnung nicht dulden und muß daher den Übeltäter mit einem Leiden belegen, um so die Gerechtigkeit der Gottesordnung wieder herzustellen.

c) Hegels Theorie der „dialektischen Notwendigkeit" erklärt das Recht vernunftgemäß als von der Vernunft erzeugt. Das Recht ist nach ihm das Reich der verwirklichten Freiheit, das Unrecht dagegen etwas Unwirkliches. Die Strafe aber, mit der das Unrecht belegt wird, stellt sich dann dar als Negation der Negation, ist mithin Position.

§ 6. Die relativen Theorien.

Im scharfen Gegensatz zu diesen absoluten oder „Vergeltungstheorien" stehen die relativen Theorien. Nach ihnen rechtfertigt sich die Strafe weder aus einem kategorischen Imperativ noch aus einer göttlichen Weltordnung noch aus einer vernunftgemäßen Position, sondern lediglich aus ihrem Zweck. Gefragt wird nicht, ob das Gleichgewicht der göttlichen Weltordnung durch den Täter erschüttert ist und durch die Bestrafung wieder ausgeglichen werden soll, nicht Rache soll der Staat im Namen des verletzten Einzelnen oder der verletzten Gesamtheit am Täter nehmen und ihm deshalb ein Übel zufügen, weil er selbst Übel zugefügt hat, sondern das Recht der Menschen, Menschen zu strafen, leitet sich nach dieser Anschauung nur aus dem Gesellschaftszweck, aus dem Gesamtinteresse her. Die Tat des Täters kann nicht ungeschehen gemacht werden, sie besteht in alle Ewigkeit fort, — hüten wir uns darum vor neuen Taten! Ne peccetur! Strafen wir diesen Täter, nicht weil er die Rechtsordnung gestört hat, strafen wir ihn, damit überhaupt eine möglichst geringe Anzahl von Störungen der Rechtsordnung sich ereigne!

In diesem Satz liegt zugleich eine Fragestellung; die umstrittene Frage nämlich, ob Generalprävention oder Spezialprävention zu erstreben ist, und je nach der Stellung der einzelnen Verfechter der relativen Theorien begründet man das Recht, zu strafen, verschieden. Faßt man bei Beurteilung der Tat nur den Täter selbst ins Auge, und erblickt man in seinem Verbrechen eine nach außen dokumentierte Neigung zu Rechtswidrigkeiten, so wird man in der Strafe vor allem den Gegendruck, den Zwang, die Abschreckung speziell dieses Täters sehen. Strafdrohung und Strafvollzug richten sich bei dieser Anschauung mithin nur an gerade diesen Täter, darum „Spezialpräventionstheorie", die von Grolman bereits am Ende des 18. Jahrhunderts vertreten wurde.

Wesentlicher als die Lehre dieses Flügels der relativen Theorien ist die von Feuerbach aufgestellte Lehre des „psychischen Zwanges". Feuerbach sieht als feststehend an, daß der Mensch nicht „frei" ist, daß vielmehr alle seine Handlungen, die guten und bösen, notwendigerweise bedingt, „unfrei", „determiniert" sind. Nicht in dem Sinne zu verstehen, daß der Mensch unabänderlicherweise immer gerade so handeln mußte, wie er tatsächlich gehandelt hat — dann hätte Strafe und Strafjustiz überhaupt keinen Sinn mehr —, sondern Zweck der Strafdrohung des Strafvollzugs soll sein, daß sie sich an die Gesamtheit richten und zum einzelnen in den Sekunden, die der Tat vorangehen, mehr oder minder deutlich sprechen, um so dem Trieb, der zur Handlung drängt, ein Gegengewicht zu setzen in der dem Täter sich aufzwingenden Erwägung, daß seiner Handlung, vollführe er sie, notwendig ein Übel folgen würde. Dieses Unlustgefühl bei Vorstellung der Strafe hat die Aufgabe, das Lustgefühl bei Vorstellung der Tat aufzuheben. Handelt der Täter aber dennoch, überwiegt bei ihm das Lustgefühl, so ist er zu strafen, nicht weil er gehandelt hat, nicht um ein Übel mit einem neuen zu vergelten, sondern nur um der Strafdrohung an die Allgemeinheit durch Vollzug der Strafe am einzelnen das nötige Schwergewicht zu verschaffen. Die Strafdrohung wendet sich hier über die Gesamtheit an den einzelnen, darum „Generalpräventionstheorie".

§ 7. Die Besserungstheorie.

Gerade diese letzte Konsequenz, daß die Strafe am einzelnen als Mittel zur Abschreckung der Gesamtheit gebraucht und der Täter so gewissermaßen zum Lehrgegenstand der Schule Staat gegenüber dem Schüler Allgemeinheit herabgemindert werden soll, verwirft entschieden eine dritte, die „Besserungstheorie“. Sie wird in der Geschichte der Theorien vor allem von Stölzel und Röder vertreten, die sich in ihrer scharfen Betonung der Würde der Persönlichkeit des Individuums an Kant anlehnen. Hiernach darf die Strafe nicht Abschreckung, sondern nur Besserung sein, die durch sachgemäßen Strafvollzug erreicht werden soll.

§ 8. Die Vereinigungstheorien.

Die absoluten und die relativen Theorien, das „quia peccatum est“ und das „ne peccetur“, stehen sich so, auf jeder Seite wiederum in Einzeltheorien zersplittert, als scharfe Gegensätze gegenüber. Um die Kluft zwischen beiden Auffassungen zu überbrücken und so das Brauchbare beider Richtungen zu vereinigen, das Übertriebene aber auszuschalten, suchen die „Vereinigungstheorien“ oder „Synkretistische Theorien“ das Verbrechen zwar als Grund der Strafe bestehen zu lassen, hiermit aber das Bestreben zu vereinigen, mit der Strafe einen durch gesellschaftliche Interessen bedingten Zweck zu verbinden. Keine Strafe ohne Verbrechen, lediglich zum Zweck der Besserung, Sicherung, Abschreckung! Ist aber gefehlt, — dann Strafe, damit nicht wieder, sei es von diesem Täter, sei es von der Gesamtheit, gefehlt werde. Si peccatum est, punias, ne peccetur!

Zwei Namen repräsentieren vor allem diese Vereinigungstheorien in der Geschichte der Straftheorien.

a) Welcker einerseits, der das Unrecht für den Grund der Strafe erklärt und feststellt, daß durch das Unrecht ein materieller Schaden entsteht, — er wird durch das Zivilrecht ausgeglichen, — und ferner ein ideeller, er soll durch die Strafe ausgeglichen werden. Welcker behauptet weiter, zu wissen, daß der Verbrecher durch seine Tat jeweils sieben „Schäden“ anrichtet, und daß darum die Strafe sieben „gerechte Zwecke“ habe, die er im einzelnen durch eine Aufzählung erfassen zu können glaubt.

b) Merkel dagegen, sich in vielem der Auffassung Welckers nähernd, hält für den Zweck der Strafe den Ausgleich der durch die Tat notwendig erfolgten Schwächung des Ansehens der Rechtsordnung durch eine besonders energische Betonung der Macht dieser Rechtsordnung. Inhaltlich ist bei ihm die Strafe also Vergeltung, es wird gestraft, weil das Ansehen der Rechtsordnung durch diese Tat erschüttert worden ist. Das Maß der Strafe wird bestimmt durch die jeweils im Volke herrschende soziale und ethische Wertung des Grads der Erschütterung, die die Rechtsordnung erlitten hat.

§ 9. „Klassische“ und „moderne“ Schule.

Wir würden es uns zu leicht machen, wollten wir einfach anstelle dieser beiden Arten von Straftheorien, der absoluten und der relativen, eine andere Schlagwortantithese einsetzen, nämlich die von der „klassischen“ und der „modernen“ Schule. Man kann nicht ohne weiteres sagen, daß sich die Begriffe „klassische Schule“ mit „absoluter Theorie“, mit „Selbstzweck der Strafe“, mit „Vergeltung“ und andererseits „moderne Schule“ mit „relativer Theorie“, „Zweckstrafe“ oder gar „Spezialprävention“ decken. Wäre diese Antithese richtig, dann fiele der Streit zwischen General- und Spezialprävention und die Lehre der synkretistischen Theorien unter den Tisch. Die Vertreter der klassischen Schule würden es auch mit Entrüstung ablehnen, hiernach nur den Vergeltungsgedanken und nicht auch den Zweckgedanken in der Strafe zu sehen, wie es doch die Vertreter der historischen absoluten Theorien, vor allem Kant, getan haben.

Tatsächlich ist der Kampf, hie klassische, hie moderne Schule, mehr ein Ringen um die Gestaltung des kommenden Strafrechts, ein Ringen mit wissenschaftlichem und philosophischen Rüstzeug zwar, aber mit praktischen, nicht rein theoretischen Zielen, bei dem nur ganz am Anfang die Vertreter der klassischen Schule auf dem Boden der absoluten Theorien standen, während mehr und mehr jede der Parteien Konzessionen machte und annehmbare Positionen des Gegners sich aneignete. Heute dreht sich der Streit nicht mehr um Vergeltungs- oder Zweckstrafe, sondern in der Hauptsache um die Frage, ob General- oder Spezialprävention, ob typische oder individualistische Bestrafung eher zu dem allen gemeinsamen Ziele führt: zu einer wirksamen und zugleich gerechten Verbrechensbekämpfung.

Zur Zeit der Entstehung unseres heute geltenden Strafgesetzbuches beherrschte die klassische Schule allein das Feld. Aufbauend auf der Lehre von der Willensfreiheit, erblickten die Vertreter dieser Schule, allen voran Binding, in der gerechten Vergeltung das Wesen jeder Strafe. Nach Binding ist Strafe ein Äquivalent für das Verbrechen, „eine Einbuße an Rechten oder Rechtsgütern, welche der Staat einem Deliquenten von Rechts wegen auferlegt, zur Genugtuung für seinen irreparablen schuldhaften Rechtsbruch, um die Autorität des verletzten Gesetzes aufrecht zu halten"[1]). Malum passionis, quod infligitur propter malum actionis. Das Recht zum Strafen wird also abgeleitet aus der Idee der Vergeltung; aber schon hier wird der Zweckgedanke nicht außer acht gelassen. Der Zweck ist für Binding die Aufrechterhaltung der Autorität des Gesetzes, das Beugen des Rechtsbrechers unter das Joch der Strafe und damit die Betonung der Macht des Staates. Unbeachtet aber bleibt von Binding die Wertung der psychologischen Wirkungen und Möglichkeiten der Strafe. Für ihn ist die Tat das Wesentliche, und mit dem Urteilsspruch erlischt für ihn das juristische Interesse an diesem spezifischen Fall.

Noch beinahe ein Jahrzehnt früher, als durch die literarische Welt Deutschlands der neue große Zug der naturalistischen Bewegung ging, begann bereits, im tiefsten wohl verwandt mit den neuen Kräften, die auf künstlerischem

---

[1]) Binding: „Grundriß des deutschen Strafrechts, 7. Aufl., 1907," S. 226.

Gebiet zum Lichte drängten, die Lehre der klassischen Schule durch die vor allem und zuerst von Liszt erhobene Forderung nach einer rationellen Umgestaltung der Strafgesetzgebung erschüttert zu werden. Um den Führer und Vorkämpfer Liszt, der in seinem „Marburger Programm" von 1882: „Der Zweckgedanke im Strafrecht" zum ersten Male mit spezifizierten Forderungen hervortrat, sammelte sich bald eine ganze Anzahl von Schülern und Anhängern, die unter dem Sammelbegriff „Kriminalpolitik" ihre Reformgedanken in ein System brachten. Verlangt wird hier vor allem eine gründliche, wissenschaftliche Erforschung des Verbrechens als äußerer Erscheinung und der ihm zu Grunde liegenden Ursache. Diese „Kriminalogie" hat einmal das Verbrechen als Ereignis im Leben des einzelnen, gerade dieses Menschen in Beziehung auf diese Tat, zu untersuchen („Kriminalanthropologie") und daraus Schlüsse für Art und Maß der Strafe zu ziehen, dann aber vor allem dieses Verbrechen und diese Tat in Verbindung zu bringen mit der Gesamtheit, das Verbrechen anzusehen als Ereignis des gesellschaftlichen Lebens und zurückzugehen bis zu den letzten Wurzeln des Verbrechens, bis zur Erziehung und Umgebung des Täters („Kriminalsoziologie"). Nicht einen bestimmten Verbrechertyp, wie ihn die italienische Schule unter Lombroso im „geborenen Verbrecher" erblickt, hält Liszt für gegeben, nach ihm entsteht vielmehr „jedes einzelne Verbrechen durch das Zusammenwirken zweier Gruppen von Bedingungen . . ., der individuellen Eigenart des Verbrechers einerseits, der diesen umgebenden äußeren, physikalischen und gesellschaftlichen, insbesondere wirtschaftlichen Verhältnisse andererseits"[1]). Erst wenn diese Ursachen der Kriminalität vollkommen erforscht und erfaßt sind, kann eine wirksame Bekämpfung des Verbrechertums und auch eine gerechte individuelle Strafe erfolgen. Mittel und Ziel ergeben sich logisch aus dem Gedankensystem Liszts. Mittel ist die individualisierende Einwirkung auf den Verbrecher, Anpassung der

[1]) Liszt: „Lehrbuch des deutschen Strafrechts; 23. Aufl.", S. 10 f.

Strafe nach Wesen und Maß an die Eigenart des Verbrechers. Sein Programm gipfelt in der klaren Zielsetzung: Besserung der Besserungsfähigen, Unschädlichmachung der unverbesserlichen Verbrecher.

Dieses Programm, im einzelnen differenziert durch zahlreiche Reformforderungen, erwähnt seien nur: Kampf gegen die kurze Freiheitsstrafe, Ausscheidung der Übertretungen aus dem Gebiet des kriminellen Unrechts, bedingte Verurteilung, erzieherische Maßnahmen für Jugendliche, — dieses Programm war zunächst natürlich für die Vertreter der klassischen Schule unannehmbar. Wir sahen aber bereits oben, daß das wesentliche Hindernis für eine Verständigung allmählich entfiel. Denn die alte Antithese Vergeltungsstrafe — Zweckstrafe bestand nicht mehr in ihrer ursprünglichen Schärfe. Seit Merkel hatten die Vergeltungstheoretiker sich von ihrer biblisch-kantischen Forderung des Auge um Auge, Zahn um Zahn entfernt und, wie oben ausgeführt, als Repräsentanten einer synkretistischen Theorie den Begriff der Vergeltung umgebogen zu dem der Generalprävention. Durch das Verbrechen ist die Rechtsordnung erschüttert, nur um ihren an die Gesamtheit sich richtenden Strafdrohungen neue Eindringlichkeit zu verleihen, wird der Täter in Strafe genommen. Gestraft wird auch nach dieser Auffassung zwar, weil gefehlt ist, quia peccatum est, aber diese Vergeltung ist nicht mehr Selbstzweck, sondern hat den weiteren Zweck, die Macht der erschütterten Rechtsordnung „durch die im Strafvollzug enthaltene eindringliche Wiederholung des sozial-ethischen Unwerturteils über die Tat"[1]) von neuem zu erweisen. Die Anhänger der klassischen und der modernen Schule scheidet also jetzt nur noch, wie oben gleichfalls schon betont, die Forderung: Generalprävention-Spezialprävention, die Annahme einer an sich bedeutsamen Wirksamkeit des Täters oder aber die Annahme, daß das Verbrechen nur Symptom für die antisoziale Gesinnung des Täters ist, die Betonung des Verbrechens oder die des

---

[1]) Liszt, a. a. O. S. 24.

Verbrechers, die der Tat oder die des Täters, die des Erfolgs oder der der Tat zu Grunde liegenden Gesinnung. Die moderne Schule verlangt demgemäß vor allem Besserung des Verbrechers und Sicherung der Gesellschaft durch die Strafe selbst. Die klassische Schule hält an dem Begriff der „Strafe" fest, ist aber einverstanden mit einem besonderen, de lege ferenda vom System der Strafen auch äußerlich zu scheidenden System von besonderen „Maßnahmen" zur Besserung des Verbrechers, besonders des Jugendlichen, einerseits und zum Zwecke des Gesellschaftsschutzes gegen den Verbrecher andererseits.

Fragen wir, welcher dieser Richtungen, hier in ihren Grundlinien angedeutet, die Entwicklung in den letzten Jahrzehnten Recht gegeben, welcher der Parteien mithin im Kampf um die Durchdringung der Reform mit ihren Ideen der Sieg zuteil geworden ist, so muß die Antwort lauten: Keine der beiden Schulen, weder die klassische, noch die moderne Schule, hat bisher einen endgültigen und vollständigen Sieg ihrer Gedanken sich erkämpfen können. Und in der Tat bestand dazu auch nicht einmal ein Bedürfnis; denn mehr und mehr hat sich die Erkenntnis Bahn gebrochen, daß der behauptete scharfe Gegensatz zwischen den sog. „Schulen" gar nicht besteht, und daß der ganze Streit mehr seinen Grund hat in einer Verwechselung vom Wesen und vom Zweck der Strafe. Das Wesen der Strafe ist und bleibt Vergeltung; ihr Zweck aber ist nicht Vergeltung, sondern Aufrechterhaltung oder Wiederherstellung der vom Verbrecher gestörten sozialen Ordnung. Kann dieser Zweck nur durch Strafe, durch Zufügung eines Leidens erreicht werden, so tritt Strafe ein, bei deren Bemessung nicht nur die Schwere der Tat, sondern auch mehr als bisher die Persönlichkeit des Täters zu berücksichtigen ist; läßt sich der Zweck durch andere Maßnahmen als durch Strafe erreichen, so kann zu diesen „Maßnahmen" gegriffen werden. Und so tritt das Losungswort Liszts: „Planmäßige Bekämpfung des Verbrechens durch die Strafe!" keineswegs in schroffen Widerspruch zur Vergeltungslehre; mit Recht sagt Frank: „Vergeltung? Ja! — aber nur innerhalb der Grenzen der Gerechtigkeit und der Zweckmäßigkeit"[1]).

§ 10. Einwirkung auf die Entwürfe.

Daher ist es nur natürlich, daß die Mehrzahl der oben erwähnten Entwürfe nicht allein einer Richtung, der „modernen" oder der „klassischen", folgen, sondern, im einzelnen mehr der einen oder der anderen Schule nachgebend, die Forderungen beider Richtungen nach Möglichkeit zu vereinigen streben.

Voran geht hier Norwegen mit seinem Strafgesetzbuch von 1902. In England hat eine umfassende Sondergesetzgebung dem kriminalpolitischen Gedanken Rechnung getragen. Der „Probation of offenders act" von 1907 führte dort die bedingte Verurteilung ein, der „Childrens act" von 1908 gab ein besonderes Jugendstrafrecht, und in dem „Prevention of crime act" wurde zum ersten Male die Verwahrung der Gewohnheitsverbrecher gesetzlich ausgesprochen.

Stärker noch ist der Einfluß der modernen Schule in den Entwürfen zu einem deutschen, österreichischen, schweizerischen, dänischen und schwedischen Strafgesetzbuch zu spüren. Wenn auch alle diese Entwürfe, auf deren Inhalt einzugehen nicht der Gegenstand dieser Arbeit ist, vom Boden der klassischen Schule ausgegangen sind und die letzten Konsequenzen der modernen Schule nicht verwirklichen, sondern mehr oder weniger Kompromisse zwischen den beiden Schulen schließen mußten, um überhaupt eine Reform zu ermöglichen und nicht am Widerstand der Gegner zu scheitern, so haben sie doch sämtlich gerade die wesentlichsten Forderungen der modernen Schule erfüllt. Die Dreiteilung der Verbrecher, wie sie Liszt im „Marburger Programm" propagiert hat, in solche, die gestraft, gebessert und unschädlich gemacht werden sollen, ferner ein ausgedehntes, den „Strafen" durchaus gleich-

[1]) Frank: „Vergeltungsstrafe und Schutzstrafe, Tübingen 1908"; Seite 25.

gestelltes System von „Maßnahmen“ zwecks erzieherischer Fürsorge einerseits und Sicherung der Gesellschaft andererseits, sodann eine besondere Behandlung der Jugendlichen, Heraufsetzung der Strafmündigkeit auf das 14. Lebensjahr, Beseitigung der kurzen Freiheitsstrafe, bedingte Verurteilung, Trennung von kriminellem und polizeilichem Unrecht, häufigere Anwendung der Geldstrafe, — alles dies entspricht in weitem Maße den Forderungen der modernen Schule.

Nur einer der in den letzten Jahren vorgelegten Entwürfe macht ganze Arbeit und sagt sich vollkommen los von allem, was auch nur den Verdacht einer Geistesverwandtschaft mit der Welt der klassischen Schule oder gar der absoluten Straftheorien erwecken könnte: Der Entwurf zu einem italienischen Strafgesetzbuch vom Januar 1921.

III. Abschnitt.

Geschichte des italienischen Strafrechts und des geltenden italienischen Strafgesetzbuches.

§ 11. Das römische Strafrecht.

Die Entwicklung des römischen Strafrechts, auf die hier nicht im einzelnen eingegangen werden kann, weist bekanntlich drei Perioden auf: die Zeit vor dem Quaestionenprozeß, den Quaestionenprozeß und die Kaiserzeit. Während wir das altdeutsche Recht zurückverfolgen können bis in die Zeit des Sakralrechtes, stellt sich das römische Strafrecht uns bereits in einem späteren Stadium der Entwicklung zum ersten Male dar; denn das Zwölf-Tafel-Recht ist schon ausgeprägtes staatliches Recht, wie ja auch, staatsrechtlich betrachtet, zur gleichen Zeit das römische Volk in einem wohlorganisierten Stadtstaat lebte im Gegensatze zum germanischen Norden, der damals noch keinerlei festes staatliches Band aufwies. Die geschichtliche Entwicklung zeigt dann einen Jahrhunderte langen Kampf zwischen den „crimina publica“, den öffentlichen Delikten, die mit öffentlichen, absolut bestimmten Strafen gesühnt werden, und den „delicta privata“, aus denen mit einer Zivilklage auf das Mehrfache des Schadens geklagt werden kann. Erst in der Kaiserzeit erringt die öffentlichrechtliche Auffassung des Strafrechts den Sieg. Neben crimina publica treten, aus dem Kreis der Privatdelikte übernommen, eine Anzahl von „crimina extraordinaria“, die auf Senatuskonsulten und kaiserlichen Konstitutionen fußen, und bei denen anstelle der absoluten die relative Strafdrohung tritt, womit zum ersten Male ein ganz moderner Gedanke ausgesprochen und dem erkennenden Richter bereits eine große und entscheidende Verantwortung übertragen wird. Bei zahlreichen Delikten hat der Kläger auch eine Wahl zwischen ziviler und öffentlicher Strafklage. Zur selben Zeit — auch dies ein neuzeitlicher Gedanke — wird das Strafensystem ausgebaut, indem man Kapital- und Nichtkapitalstrafen unterscheidet; Geld-, Ehren-, Freiheits- und Arbeitsstrafen treten neben die Todesstrafe, die Strafe wird den sozialen Verhältnissen des Täters angepaßt. Den Abschluß dieser Epoche bildet die Justinianeische Kodifizierung, in den „libri terribiles“.

Im ganzen muß gesagt werden, daß das römische Recht auf dem Gebiete des Strafrechts nicht die gleiche, grundlegende Bedeutung für das heutige Strafrecht hat wie umgekehrt das römische Zivilrecht für die Gestaltung unserer bürgerlichen Gesetzbücher. Immerhin ist anzunehmen — was in der Literatur teilweise bestritten ist —, daß das römische Strafrecht wertvolle Grundlagen zu geben vermocht hat, indem es durch Ausbildung gewisser und gerade der auch heute noch wesentlichsten Deliktstatbestände System in die Fülle der Rechtsbrüche gebracht hat, und indem es ferner der staatsrechtlichen Auffassung der Strafe durch allmähliche Überwindung der privatrechtlichen zum Siege verholfen hat.

§ 12. Die Zeit der Rezeption.

Mit dem Versinken dessen, was man heute die „antike Welt“ nennt, sank auch das römische Strafrecht in einen Jahrhunderte währenden Schlaf. In dieser Zeit ist eine

Entwicklung der strafrechtlichen Gedanken kaum zu bemerken. Das römische Strafrecht war rechtlich in Italien in Geltung geblieben, aber erst mit der Wiedergeburt der Antike, mit der Renaissance, setzte, wie in der Kunst und Literatur, so auch im Rechtsleben und insbesondere im Strafrecht, eine neue Entwicklung ein. Es ist oben bereits dargetan, daß dies keine zufällige Erscheinung ist, daß vielmehr auch in Deutschland eine neueinsetzende Geistesrichtung — wie im weiteren überhaupt das gesamte politische Leben einer Nation — sich stets im Strafrecht am klarsten zu spiegeln pflegt. An den oberitalienischen Universitäten war seit Beginn des 13. Jahrhunderts ein Vortrupp von Gelehrten, die heute unter dem Ausdruck „Glossatoren", „Postglossatoren" und „italienische Praktiker" zusammengefaßt werden, am Werke, das Recht der römischen Rechtsquellen, durch die Jahrhunderte überholt, nunmehr wesentlich umzugestalten und den veränderten Verhältnissen anzupassen. Nicht nur das römische Quellenrecht mit dem Begriff der Schuldhaftung, dem Staatsgedanken, dem Strafensystem wurde akzeptiert, sondern die Forschung zog weitere Kreise und übernahm auch Begriffe aus dem deutschen Recht, so daß kein umgearbeitetes römisches Recht entstand, sondern durch Verbindung von römischem und deutschem Strafrecht ein neues „italienisches Recht", das dann im Wege der Rezeption auch in Deutschland allmählich Eingang fand.

§ 13. Die Entwicklung bis Lombroso.

Unter den italienischen Juristen, die sich um die Ausbildung dieses italienischen Rechtes besonders verdient gemacht haben, ist an erster Stelle Albertinus de Gandino zu nennen, der, um 1250 zu Crema in der Lombardei geboren, ungefähr 1300 einen „Tractatus de maleficiis" schrieb, der „als die älteste systematische Darstellung des Strafverfahrens und des Strafrechts zugleich als das erste Werk aus der Feder eines italienischen Praktikers . . . einen Markstein bedeutet in der Geschichte des Rechts und der Rechtslehre"[1]). Dieser Traktat hat unmittelbar die Rezeption, mittelbar die ihr nachfolgenden zahlreichen Kodifikationen in Deutschland stark beeinflußt.

Aber abgesehen davon bedeutet Gandinus für Italien den Beginn einer neuen starken Entwicklung. Ebenso wie in Deutschland sehen wir das Strafrecht auch in Italien zunächst sich nach der Seite der absoluten Straftheorien hin entwickeln. Auch von den italienischen Vertretern der „klassischen Schule" wird das Verbrechen zunächst als alleiniger Grund der Strafe angesehen und die Strafe als Vergeltung betrachtet. Aber zur gleichen Zeit, wo ein Kant als typischer Vertreter des Vergeltungsgedankens das alttestamentarische „Auge um Auge, Zahn um Zahn" als Prinzip des Strafens verkündete, erhob sich gegen diese Auswirkung der Vergeltungstheorie zum ersten Male in Italien eine Stimme: Cesare Bonesano de Beccaria. Beccaria, geboren 1738 zu Mailand, gestorben 1794 als Lehrer der Staatswissenschaft an der Universität Mailand, ließ 1764 zunächst anonym zu Monaco ein Werk erscheinen, „dei delitti e delle pene", das, von Bergk ins Deutsche übersetzt und mit einer ausgedehnten Vorrede versehen, unter dem Titel „Des Marchese Beccarias Abhandlung über Verbrechen und Strafen" 1798 in Leipzig erschien. Hier wird zum ersten Male vom Standpunkt der Humanität aus ein leidenschaftlicher Protest gegen die Todesstrafe als den reinsten Typ der Vergeltungsstrafe und gegen die Tortur erhoben. Mit schönem Freimut wendet sich Beccaria gegen seine Zeit: „Es ist eine traurige und bis auf den heutigen Tag noch sehr gewöhnliche Sache, daß eine Meinung von Carpzov, ein alter, von Clarus berührter Gebrauch und eine von Farinacius mit zornigem Wohlgefallen angegebene Marter die Gesetze sind, die diejenigen ruhig befolgen, die mit Zittern über das Leben und die Schicksale der Menschen gebieten sollten. Diese Gesetze, die eine Auswahl und eine Frucht der barbarischsten Jahrhunderte sind, werden in diesem Buche

[1]) Kantorowicz: „Geschichte des Gandinustextes"; Zeitschrift der Savignystiftung; 42. Band, S. 1.

von der Seite des peinlichen Rechts untersucht, und man wagt, ihre Unordnungen und Ungerechtigkeit den Beherrschern der allgemeinen Glückseligkeit in einer Schreibart darzustellen, die den unaufgeklärten und ungedultigen Pöbel davon abhält"[1]). Beccaria spricht in diesem Buche dem Staate überhaupt das Recht ab, über ein Menschenleben zum Zwecke der Sühne eines Verbrechens zu verfügen, während er die Tortur für ein sittlich zu verwerfendes und praktisch bedeutungsloses Verbrechensverfolgungsmittel erklärt. Er sagt ausdrücklich, daß der Zweck, auf den sein Werk gerichtet ist, weit entfernt sei, „das gesetzmäßige Ansehen zu verringern, vielmehr dazu dienen wird, es zu vermehren, wenn die Meinung in den Gemütern der Menschen mehr auszurichten vermag, als die Gewalt, und wenn die Gelindigkeit und Menschlichkeit in den Augen Aller dasselbe rechtfertigt"[2]).

Diese Weite des Horizontes bei Beccaria rief heftige Entgegnungen und Anfeindungen hervor; u. a. erschien in Italien eine Kritik des Buches Beccarias unter dem Titel: „Noten und Bemerkungen", auf die Beccaria wiederum scharf entgegnete. Aber der Stein, einmal ins Rollen geraten, rollte weiter und löste neues Erdreich. Giandomenico Romagnosi, der in Piacenza geborene Universitätsprofessor in Paris, ließ ungefähr 50 Jahre später ein Buch erscheinen: „Genesi del diritto penale", in dem er das Strafrecht als ein System indirekter Verteidigung aufbaut und sich als entschiedener Gegner der Todesstrafe bekennt. Verteidigung! Dieses Wort, hier vor über hundert Jahren wohl zum ersten Male mit dem Strafrecht in eine Beziehung gesetzt und als Rechtfertigung eines Strafgesetzes gebraucht, klingt so modern wie nur möglich! Denn „Gefährlichkeit", „Schutz" und „Verteidigung" sind, wir sahen es oben bereits, die großen neuen Forderungen, für die sich die Vertreter der „modernen Schule" einsetzen, und

---

[1]) Bergk: „Des Marchese Beccarias Abhandlung über Verbrechen und Strafen"; Leipzig 1798, S. VII f.

[2]) Bergk: a. a. O. S. IX.

sie sind vor allem der Strom, der den ganzen italienischen Entwurf befruchtet. Hier nun stehen wir an den Quellen dieses Stromes, wo zuerst, von einem Italiener gedacht, der Gedanke der Verteidigung des Menschen gegenüber dem Verbrecher an Stelle der Vergeltung in den Vordergrund gerückt wird.

Auch Francesco Carrara, geb. 1805 zu Lucca, hat sich in einer Abhandlung zum Strafgesetzentwurf 1874 („pensieri sul progretto penale, 1874") als Gegner der Todesstrafe bekannt.

Immerhin ist festzustellen: herrschend war um die Mitte des vorigen Jahrhunderts genau wie in Deutschland auch in Italien durchaus das Gebäude der „klassischen Schule", der auch Carrara, trotz seiner Verwerfung der Todesstrafe, zuzuzählen ist neben Mancini, Lucchini, Pavina u. a. m. Erst mit dem Auftreten Cesare Lombrosos, das in gewissem Sinne mit der Erscheinung Liszts in Deutschland verglichen werden kann, wurde der Kampf gegen die klassische Schule und ihre Lehre auf der ganzen Linie eröffnet.

Mit der Lehre Lombrosos und seiner Schüler Garofalo und Ferri wird sich der großen Bedeutung wegen, die diese Lehre für den italienischen Entwurf gewonnen hat, das folgende Kapitel ausführlicher zu beschäftigen haben. Hier gilt es zunächst, die Entwicklung der Strafgesetzgebung in Italien in ihren Grundzügen zu verfolgen.

§ 14. Die Vorgeschichte des italienischen Strafgesetzbuches.

Die Kodifizierung strafrechtlicher Gesetze in Italien reicht bis in das 18. Jahrhundert zurück. Der Großherzog von Toscana, Leopold der Weise, hatte bereits 1786 einen Strafkodex erscheinen lassen, Sardinien unter Victor Emanuel beauftragte zwei Professoren gleichfalls mit der Abfassung eines Strafgesetzentwurfes, der 1808 veröffentlicht wurde. Bevor er aber noch Gesetzeskraft erlangen konnte, erschien das Gesetzbuch, das aufs sichtbarste alle

Strafgesetzbücher des vorigen Jahrhunderts beeinflußt hat: der Code Napoléon. Sogar unmittelbare Gesetzeskraft erlangte dieses Recht weit über die Grenzen Frankreichs hinaus. 1812 wurde der Code pénal im Königreich Sardinien eingeführt, das Königreich beider Sizilien und das Herzogtum Parma folgten 1819 und 1821 mit zwar eigenen, aber durchaus im Geiste des Code pénal gehaltenen Gesetzen. Ebenso stand es mit dem „Regolamento Romano" des Kirchenstaats und dem Gesetzbuch des Herzogtums Este. Nur in Toscana entstand 1853 unter Mitarbeit Mittermaiers, des bayrischen Juristen, ein dem badischen Strafgesetzbuch gleichender, selbständiger Kodex, der bis zum Inkrafttreten des neuen, für ganz Italien geltenden Strafgesetzbuches Geltung behielt.

An die Schaffung dieser neuen einheitlichen Strafgesetzgebung für ganz Italien konnte man aber erst denken, nachdem durch die Schlacht bei Solferino und den ihr folgenden Frieden zu Zürich 1859 die ersehnte „Italia Riunata" erstritten war. Schon 3 Jahre später wurde dem Senat ein Entwurf zu einem einheitlichen Strafgesetzbuch vorgelegt, während vorläufig das sardinische Strafgesetzbuch auf ganz Italien mit Ausnahme Toscanas ausgedehnt wurde. Ein neuer Entwurf zum allgemeinen Teil eines Strafgesetzbuches wurde 1864 fertiggestellt. In den folgenden Jahren wurden dann unter dauernd wechselnden Justizministern im ganzen zwölf Entwürfe vorgelegt.

Erwähnung verdient unter diesen Entwürfen besonders der 1877 unter M a n c i n i ausgearbeitete Entwurf. Mancini, zunächst Advokat, dann Universitätsprofessor, darauf Justizminister und schließlich Minister des Auswärtigen, hatte die Reformarbeit in Italien ganz besonders lebhaft betrieben und einen Entwurf ausarbeiten lassen, der an wissenschaftlicher Gründlichkeit und systematischer Ausarbeitung alle vorhergehenden Entwürfe weit übertrifft. Bezeichnend ist für Mancini, daß er bei der Beratung des Entwurfes nicht nur juristische, sondern auch medizinische Gutachten vieler italienischer Universitäten beiziehen ließ. Vollendet konnte die Gesetzgebungsarbeit aber erst unter

Mancinis Nachfolger Zanardelli werden, der nach Abschluß der Kodifikation eines Handelsgesetzbuches 1887 einen neuen Entwurf nebst Motiven der Deputiertenkammer vorlegte. Das Gesetz wurde von der Deputiertenkammer und dem Senat mit überwiegender Mehrheit en bloc angenommen, erhielt im folgenden Jahre die königliche Bestätigung und trat am ersten Januar 1890 in Kraft.

§ 15. Die Grundprinzipien des italienischen Strafgesetzbuches.

Die Reifezeit des jetzt geltenden italienischen Gesetzbuches fällt bereits in die Jahre, wo Lombrosos Lehre im Vordringen war. Lombroso hatte schon seine Schule, die „positive", gegründet, und sein grundlegendes Werk „L'uomo delinquente" war bereits erschienen. Aber um schon auf die Gestaltung des damals in Vorbereitung sich befindenden Gesetzbuches einen Einfluß zu haben, dazu war die Schule noch zu jung, ihre Lehre noch zu ungemindert extrem. Es bildete sich damals vielmehr eine dritte Schule mit den Namen Alimena und Carnevale an der Spitze, die mehr vermittelnder Natur war, und der es deshalb vergönnt war, den stärksten Einfluß auf das Zustandekommen des jetzt geltenden Strafgesetzbuches zu gewinnen. Sie fand einen Mittelweg zwischen der klassischen und der positiven Schule, indem sie von jener die theoretischen Grundlagen, das System selbst, von dieser aber eine Anzahl kriminalpolitischer Forderungen übernahm. Obgleich die Männner um Lombroso mit diesem Kompromiß keineswegs einverstanden waren, kam ein Gesetzbuch im Sinne dieser vermittelnden Schule zustande. Die Dreiteilung in Verbrechen, Vergehen und Übertretungen wurde aufgegeben, da die Einteilung der strafbaren Handlungen nach Maßgabe der Strafdrohung „eine rein äußerliche, unlogische und unwissenschaftliche sei"[1]). Statt dessen schied man das Gesetzbuch in Vergehen und Übertretungen und stellte einen Allgemeinen Teil „Von den Straftaten und von den Strafen"

---

[1]) Relazione ministeriale (Denkschrift) I, S. 58.

voran. Die Todesstrafe wurde nach einem langen Kampfe während der Vorarbeiten zum Entwurf abgeschafft. Seit 1877 hatte bereits in Italien keine Hinrichtung mehr stattgefunden, während erst 1888 offiziell die Todesstrafe für abgeschafft erklärt wurde. Die Gesetzeskommission begründete ihr Votum auf Abschaffung der Todesstrafe dadurch, „daß sie sich mit der Ansicht dieser Gelehrten (Beccaria, Romagnosi und Carrara) und der Anschauung des italienischen Volkes identifizierte, und sich dahin äußerte, daß eine Strafe, über deren rechtlichen und moralischen Charakter das allgemeine Bewußtsein nicht übereinstimme, ihre notwendigste und beste Grundlage verloren habe“ [1]. An die Stelle der Todesstrafe treten Einschließung und Gefängnis. Dem Strafvollzug wurde ein eingehendes Gradualsystem — damals in Deutschland noch unbekannt — zugrunde gelegt. Auch der Verweis als Ersatz für die kurze Freiheitsstrafe taucht bereits auf. Im Gegensatz zum deutschen Strafgesetzbuch hat die Begnadigung eine gesetzliche Regelung erfahren im Titel „Von der Erlöschung der Strafverfolgung und der Strafurteile“. An romanisch-rechtlichen, südeuropäischen Spezialitäten fehlt es nicht. Erwähnt sei nur das mit „betrügerischen Mitteln“ — ohne jedoch „Betrug“ zu sein!“ — herbeigeführte Steigen- und Fallenlassen der Preise und Löhne auf offenem Markt und an der Börse“, ferner die behufs Erpressung vorgenommene Festsetzung einer Person, hier als Sonderdelikt behandelt und nicht unter dem Gesichtswinkel schwerer Freiheitsberaubung oder räuberischer Erpressung gebracht, endlich, als eigenes Delikt, uns ganz besonders seltsam anmutend: „Die in gewinnsüchtiger Absicht betriebene Renommage mit Konnexionen bei maßgebenden Persönlichkeiten.“ Bei den Übertretungen geht wohl etwas zu weit und läßt sich auch aus den italienischen Verhältnissen heraus schwer begründen die Bestrafung dessen, der wegen Bettelei oder Eigentumsvergehens einmal vorbestraft ist, wegen des Be-

---

[1] Deutsches Zitat entnommen: Dr. Stephan: „Strafgesetzbuch für das Königreich Italien“; Berlin 1890.

sitzes von Gegenständen, die nicht mit seinen Verhältnissen im Einklang stehen, und deren Erwerb er nicht nachweist.

Wollen wir uns erlauben, ein Gesamturteil über das geltende italienische Strafgesetzbuch zu fällen, so muß festgestellt werden, daß auch hier wie überall Licht und Schatten herrscht. An der Zeit seiner Entstehung gemessen, ist das Gesetzbuch ohne Zweifel ein großer Schritt vorwärts, es ist, auf breitester wissenschaftlicher Grundlage aufgebaut, ein durchgebildetes, präzises System. Was aber vor allem — für damals — neu war, ist, daß von den Gesetzgebern im weitesten Maße die Lehren und Erfahrungen verwandter Wissenschaften, so der Psychologie, Ethik und Soziologie, berücksichtigt wurden. Allerdings hat das Gesetzbuch auch eine Fülle von besser vermiedenen Reminiszenzen an frühere Kodifikationen aufzuweisen. Einiges davon ist oben erwähnt. Eine schon damals dem deutschen Recht nicht mehr bekannte Kasuistik hat sich hier noch erhalten, und von einer freien und verantwortungsvollen Stellung des Richters ist noch nicht viel zu spüren, er ist vielmehr eingeschränkt und an die Berücksichtigung einzelner, strafschärfender, strafmildernder und strafausschließender Umstände gebunden.

IV. Abschnitt.

Die Lehre Lombrosos und ihr Einfluß auf das italienische Strafrecht.

§ 16. Die Lehre Lombrosos.

Zur gleichen Zeit, als das italienische Strafgesetzbuch in den Kommissionen beraten wurde und schließlich in Kraft trat und damit der zwischen den Extremen vermittelnden Schule der praktische Erfolg beschieden war, wurde im stillen bereits der Todeskeim dieses neuen, eben in Geltung tretenden Gesetzes gelegt. Denn eben in diesen Jahren schrieb Cesare Lombroso das Werk, durch das eine neue Reformbewegung in Fluß gebracht, ein neues Gedankensystem errichtet wurde, das schließlich den Entwurf von 1921 erzeugt hat, der nunmehr an die Stelle des Gesetzbuches von 1880 treten soll. Es handelt sich um Cesare Lombrosos bereits erwähntes Werk: „L'uomo delinquente", von Fränkel ins Deutsche übertragen unter dem Titel: „Der Verbrecher in anthropologischer, ärztlicher und juristischer Beziehung."

Cesare Lombroso, geboren 1836 in Verona, von Haus aus Mediziner und Anthropologe, wurde 1862 Professor der Psychiatrie in Pavia, später Professor der gerichtlichen Medizin und Psychiatrie in Turin und hat als solcher bis in den Beginn unseres Jahrhunderts gewirkt. Eine stattliche Anzahl von Werken sind die äußere Frucht seines Schaffens. Neben dem schon erwähnten „Verbrecher" sind es durchweg Arbeiten, die auf experimentellen Untersuchungen über Verbrecher, Geisteskranke, Prostituierte und andere abnorme Menschen beruhen. Genannt seien nur: „Genie und Irrsinn", „Der geniale Mensch", „Der politische Verbrecher und die Revolutionen", „Das Weib als Verbrecherin und Prostituierte", „Verbrecherstudien", „Die Anarchisten" und „Ursachen und Bekämpfung des Verbrechens".

Die Grundgedanken der Lehre Lombrosos, wie er sie, zunächst extrem, allmählich etwas gemildert aufgestellt hat, sind folgende:

Lombroso sieht im verbrecherischen Menschen einen Wilden; der Verbrecher ist ihm ein mit körperlichen und geistigen Anomalien behaftetes Wesen, er stellt einen besonderen Menschentypus dar, der sich auch körperlich von den anderen Menschen unterscheidet durch Größe und Schwere der Erscheinung, vorspringende Augenbrauen, schiefgestellte Augen, reiches Haupthaar und vor allem durch eine besondere Schädelform. Auch seelisch hat dieser Typus bestimmte Merkmale. Der Mensch ist stumpfsinnig, eitel, faul, unbeständig, abergläubisch, den Weibern und dem Weine ergeben. Die Verbrechertypen sind atavistische Rückschläge; so, wie uns heute der Verbrecher entgegentritt, sahen vor Jahrtausenden unsere Urahnen aus, und auf dieser Stufe stehen heute noch Angehörige gewisser wilder Volksstämme.

Es ist keineswegs richtig, wenn behauptet wurde, Lombroso identifiziere Verbrecher und Geisteskranke. In den Tabellen des „L'uomo delinquente"[1]) scheidet Lombroso bereits „Irre", „Verbrecher" und „Normale". Keineswegs will auch, wie vielfach gesagt wurde, Lombroso die Strafe beseitigen, nur die „Strafe", so, wie man sie zu seiner Zeit und auch heute noch ansieht, als vergeltende Gerechtigkeit, kennt er nicht. Lombroso stellt, wie Frank plastisch sagt[2]), die Strafe auf eine Stufe mit den Maßregeln, die man gegen ein schädliches Tier ergreift, womit gleichzeitig gesagt ist, daß Lombroso nicht etwa übertriebene Milde walten lassen will, sondern im Gegenteil der klassischen Schule vorwirft, „sie verhätschele den Verbrecher auf Kosten der menschlichen Gesellschaft".

Lombroso mildert bald die Behauptung von den Verbrechertypen auf mannigfache Angriffe dahin, daß diese Merkmale nur bei den schwersten Verbrechern aufzufinden seien, und stellt einen eigenen Typus der „Pseudoverbrecher" auf, das sind solche Verbrecher, bei denen weder geistige noch körperliche Anomalien vorliegen, z. B. alle Täter rein fahrlässiger Verbrechen. Auch die allzu umfassende Generalisierung der Verbrechertypen wurde von Lombroso später als zu weitgehend erkannt und auf gewisse Verbrecherarten beschränkt. In einem Aufsatz aus Lombrosos Feder, der bereits 1888 in dem ersten Heft der Zeitschrift für die gesamte Strafrechtswissenschaft erschien, bekennt Lombroso: „Ein Fehlgriff war es z. B., die bei einzelnen Verbrecherkategorien nachgewiesenen Merkmale als Charakterzüge des Verbrechers überhaupt aufstellen zu wollen. Ein Fehlgriff war es, wenn sie, reagierend gegen die sentimentale Milde der alten Schule, auf einer übermäßigen Strenge bestand"[3]).

---

[1]) Cesare Lombroso: „Der Verbrecher in anthropologischer, ärztlicher und juristischer Beziehung"; deutsch bearbeitet von M. O. Fränkel, Hamburg 1887; S. 156 ff.

[2]) Frank: „Die Lehre Lombrosos"; Tübingen 1908, S. 27.

[3]) Lombroso: „Die neue anthropologisch-kriminalistische Schule in Italien"; Zeitschr. für die ges. Strafrechtswissenschaft, Bd. I, S. 128.

Bei diesem Rückzug, den Lombroso übrigens keineswegs verschleierte, sondern offen zugab, kamen dem Mediziner zwei Juristen zu Hilfe: Garofalo und Ferri.

Garofalo, Staatsanwalt in Neapel und Freund Lombrosos, prägte 1885 in seiner „Criminalogia" den Begriff des „natürlichen Verbrechers" und sekundierte damit den gegen Lombrosos Lehre vom Verbrechertyp geführten Schlag, indem er sagt, daß vor dem Begriff des Verbrechers erst einmal der Begriff der verbrecherischen Handlung festzustellen ist. Das natürliche Verbrechen besteht nach ihm in einer Handlung, die die fundamentalen altruistischen Empfindungen des Mitleids und der Rechtschaffenheit verletzt, und nur bei Tätern dieser Handlungen dürfe man überhaupt einen Verbrechertyp, wie ihn Lombroso aufstellt, suchen.

Während Garofalo mithin das Hauptgewicht auf Festlegung des Begriffs der verbrecherischen Handlung legt, unterschied Ferri vor allem viel klarer und genauer als Lombroso innerhalb der verbrecherischen Persönlichkeiten. Enrico Ferri, geb. 1856 zu San Benedetto bei Mantua, lehrte als Kriminalanthropologe in Turin, Bologna und Pavia und ist seit 1886 Mitglied der Deputiertenkammer als Vertreter der intransigenten revolutionären Richtung der sozialistischen Partei und Advokat in Rom, neuerdings Vorsitzender der Kommission zum Entwurf eines italienischen Strafgesetzbuches. Sein grundlegendes, von Dr. Kurella ins Deutsche übertragenes Werk: „Sociologia Criminale" („das Verbrechen als soziale Erscheinung") erschien zuerst 1881 in Italien unter dem Titel „I nuovi orrizonti del diritto e della procedura penale" und erregte damals großes Aufsehen.

Auf Wesen und Ziele der sogenannten „positiven Schule", um deren Entstehung sich Ferri hervorragend bemühte, sowie auf die Lehre Ferris wird später noch zurückzukommen sein. Hier soll zunächst das Ergebnis der Ferrischen Ausführungen vorweggenommen werden, das auf die Lehre Lombrosos am unmittelbarsten eingewirkt hat. Ferri unterscheidet nämlich unter den Verbrechern vier Gruppen:

geborene Verbrecher, Verbrecher aus erworbener Gewohnheit, Gelegenheits- und Leidenschaftsverbrecher[1]). Dieser Einteilung hat sich Lombroso später vollkommen angeschlossen. Er reduziert seine Lehre dahin, daß er nur auf den einen dieser vier Verbrechertypen, auf den geborenen Verbrecher („L'uomo delinquente" im engeren Sinne), seine Forschungsergebnisse angewendet wissen will. Keineswegs behauptet Lombroso, dieser geborene Verbrecher müsse tatsächlich auch immer ein Verbrechen begehen, es kann und wird sich oft nur um eine latente Kriminalität handeln. Frank meint vergleichend in seinem oben zitierten Aufsatz über die Lehre Lombrosos, daß es ja auch eine Menge von „geborenen Dichtern" gibt, die zufällig vielleicht niemals in ihrem Leben dazu kommen, eine Zeile „Dichtung" zu schreiben, deshalb aber doch „geborene Dichter" bleiben. Nach Frank sind unter dem Lombrososchen Verbrechertyp Menschen zu verstehen, „die zufolge ihrer psychischen Eigentümlichkeiten in hervorragendem Maße geeignet sind, verbrecherischen Anreizen zum Opfer zu fallen. Ihre psychischen Eigenschaften sind vererbt und an psychischen Anomalien erkennbar. Die psychischen und die physischen Anomalien lassen sich in ihrer Gesamtheit zu einem Typus des Verbrechers oder doch zu Typen einzelner Verbrecherarten zusammenfassen. Sie erklären sich als ein Rückschlag in frühere Entwicklungsstadien der Menschheit"[2]). Mit Recht hebt Frank hervor, daß an der Lehre neu nur die Behauptung des Zusammenhanges zwischen den körperlichen und geistigen Anomalien ist und ferner die Behauptung, daß beide als atavistische Erscheinungen aufzufassen sind.

Wir sahen: die erste Fassung seiner Lehre von einem allgemeinen, meß- und wägbaren Verbrechertyp hat Lombroso gemildert, indem er die Ferrische Klassifizierung der Verbrecher in vier Verbrechertypen sich zu eigen machte und seine Lehre vor allem auf den Kreis der „geborenen Verbrecher" angewendet wissen wollte. Dieser geborene

[1]) Ferri: „Das Verbrechen als soziale Erscheinung", Leipzig 1886; Seite 85.

[2]) Frank: a. a. O. S. 33.

Verbrecher aber — daran hält Lombroso unbedingt fest — stellt einen ganz bestimmten, auch äußerlich erkennbaren, allerdings nicht notwendigerweise verbrecherisch sich betätigenden Menschentypus dar.

Diese Lehre Lombrosos wurde jahrzehntelang diskutiert und umstritten. Als deutsche Anhänger seien genannt Kurella und Benedikt, zwei Mediziner, als Gegner Baer, Näcke und Rieger. Einer der interessantesten Gegner ist der Franzose Tarde, der das bekannte Wort über Lombroso prägte, er wirke wie Kaffee, er rege an, aber nähre nicht, und der in seiner „Criminalité comparée“ 1898 zwar mit Lombroso einen Verbrechertyp für gegeben erachtet, aber die spezifisch verbrecherischen Eigenschaften an ihm nicht anthropologisch erklärt, sondern vielmehr der Ansicht ist, daß diese nicht angeboren sind, sondern erst dadurch erworben werden, daß es, wie Tarde sich ausdrückt, „dem Menschen gefällt“, in die Klasse der Verbrecher einzutreten. Diese Auffassung der Verbrechertypen hat man dann im Gegensatz zur anthropologischen die „soziale Richtung“ genannt.

Unsere Aufgabe kann nicht sein, die Bekenntnisse und Abweisungen des Lehrgebäudes Lombrosos hier eingehend zu behandeln; denn wir werden sehen, daß tatsächlich in Italien die Gedanken Lombrosos in der zuletzt genannten gemilderten Form nunmehr durch den Entwurf von 1921 einen unumstrittenen Sieg davon getragen haben.

§ 17. Die „positive Strafrechtsschule“.

Die Lehre Lombrosos, niedergelegt im „Verbrecher“, ist aber nur der erste Anstoß zu einer Entwicklung, die Quelle eines Stromes von neuen Ideen gewesen, die ausgebaut, verarbeitet und verbreitet werden mußten in systematischer, jahrzehntelanger Arbeit vieler. „Dem bescheidenen Insekte gleich, das unbewußt den befruchtenden Blütenstaub überträgt, hat dieses Buch bei seinem ersten Erscheinen einen Keim gelegt, der vielleicht noch viele Jahre geschlummert haben würde, bevor er sich entwickelt und Früchte getragen hätte. Es hat nämlich Veranlassung zur Entstehung einer neuen Schule gegeben . . ."[1]), bemerkt Lombroso bescheiden in der Einleitung zum „Verbrecher". Nur so viel Wirkung und Erfolg gesteht Lombroso selbst seinem Werke zu, und, daß es Veranlassung gegeben hat zur Entstehung einer neuen Schule, der sogenannten „positiven Schule", hält er für das wesentlichste Ergebnis seines Mühens.

Aus der Initiative der drei bereits genannten Männer: Lombroso, Ferri und Garofalo entstand um die 80 er Jahre die „positive Strafrechtsschule". Ihren Ursprung erklärt Ferri in der Einleitung zu seinem Werk „Das Verbrechen als soziale Erscheinung" folgendermaßen: „Die Ohnmacht der Strafen gegenüber der steigenden Flut des Verbrechens, die beständige Zunahme der Rückfälligkeit, die oft absurden, stets aber gefährlichen Konsequenzen gewisser Theorien von „folie raisonnante" und unwiderstehlicher Gewalt, die man der mystischen Lehre von der Willensfreiheit aufgepfropft hat, das übertrieben formalistische Gerechtigkeitsverfahren, die unorganische Verbindung aus dem Auslande importierter Veranstaltungen mit unserem alten Gerichts- und Strafverfahren, alles das schreit schon lange für alle hörbar nach Besserung durch Mittel, welche Mißbräuche abzustellen haben, unter denen das Verbrechertum blüht und die ehrlichen Leute leiden"[2]). Aufgabe dieser Schule war vor allem, „mit den Methoden der Naturwissenschaften die verbrecherischen Erscheinungen der sozialen Pathologie zu erforschen, um die Theorie der Verbrechen und der Strafen mit den Tatsachen in Übereinstimmung zu bringen"[3]). Grundlegende Behauptung der positiven Strafrechtsschule ist, „daß die Entstehung der Verbrechen zu suchen ist in der Individualität des Verbrechers und in dem physischen und sozialen Medium, in dem er lebt, und daß die Heilmittel den Ursachen des Übels zu entsprechen haben"[4]).

Man sieht, diese Ferrische Definition aus dem Jahre

---

[1]) Lombroso: a. a. O., S. XV.
[2]) Ferri: a. a. O., S. 7.
[3]) Ferri: a. a. O., S. 2.
[4]) Ferri: a. a. O. S. 2.

1892 geht bereits weit über den Kern der rein anthropologischen Lehre Lombrosos hinaus. In seinem Aufsatz „Über den Ursprung und das Wesen der neuen anthropologisch-kriminalistischen Schule" in der Zeitschrift für die ges. Strafrechtswissenschaft von 1888, auf den später noch zurückzukommen sein wird, hat Lombroso selbst noch als Ursprung der positiven Strafrechtsschule die Verbindung zwischen Strafrecht und Kriminalanthropologie angegeben. Dagegen wendet sich Ferri. „Sie ist viel mehr als das," sagt er, „sie ist die Anwendung der positiven Methode auf die wissenschaftliche Erörterung der Verbrechen und der Strafen; als solche bringt sie in den abgeschlossenen Kreis der juristischen Technik den belebenden Hauch der neu erschlossenen Ideengänge, nicht nur der Anthropologie, sondern auch der Psychologie, der Statistik, der Soziologie, und so bildet sich eine neue Entwicklungsphase der Strafrechtswissenschaft"[1]. Die Verdienste der klassischen Schule, über die mittelalterlichen Traditionen hinausgegangen zu sein und eine bedeutende Verminderung der Strafen erreicht zu haben, erkennt Ferri an. Aber für den Kriminalisten der klassischen Schule kommt der Verbrecher nach Ferris Ansicht „erst in zweiter Reihe in Betracht, wie vor 100 Jahren der Kranke für den Arzt. . . Der heutige Jurist ähnelt dem Mediziner des vorigen Jahrhunderts: er studiert die Verbrechen, nicht die Verbrecher"[2]. Seine Forderung lautet darum immer wieder und wieder: Der Verbrecher anstelle des Verbrechens! Für das unmittelbare und beständige Objekt des Strafrechts erklärt er die Person des Verbrechers, wie sie in ihrem sozialen Medium lebt und handelt. Darum ist Erforschung des Verbrechers, seiner sozialen Verhältnisse, seiner Familie und Umgebung, seines Charakters und seines Körpers für Lombroso wie für Ferri erste und unbedingte Voraussetzung einer zukunftsreichen Verbrecherbekämpfung. „Es handelt sich also darum, die induktive

---

[1]) Ferri a. a. O., S. 8.
[2]) Ferri a. a. O., S. 10.

Methode auf die Untersuchung der Verbrechen und der Strafen anzuwenden und dadurch — nicht etwa durch anthropologische Studien — aus dem Strafrecht eine positive Wissenschaft zu machen, die Soziologie des Verbrechens“[1]).

Die markantesten Unterschiede zwischen der klassischen und der positiven Schule stellt Ferri am Ende seiner Einleitung zu dem „Verbrechen als soziale Erscheinung“ einander gegenüber. Für die klassische Schule hat der Verbrecher dieselben Anschauungen und Gefühle wie alle Welt, für die positive ist er durch seine ererbten oder erworbenen Eigenschaften eine besondere Varietät menschlicher Art. Für die klassische Schule besitzt der Mensch Willensfreiheit und ist schon um deswillen für seine Handlungen verantwortlich, für den Verbrecher der positiven Schule ist „der freie Wille nur eine subjektive Illusion, welche durch die wissenschaftliche Psychophysiologie aufgehoben wird“[2]). Die klassische Schule sieht endlich die wesentliche Wirkung der Strafen in der Verhinderung der Verbrecherzunahme, während die positive Schule glaubt, daß die Verbrecherstatistik von anderen Faktoren abhängt als von den vom Gesetz vorgeschriebenen und von den Richtern angewandten Strafen.

§ 18. Die „dritte Schule“.

Kaum nötig ist es, zu sagen, daß auch innerhalb der positiven Schule bald eine Fülle von Meinungsverschiedenheiten auftauchen. Lombroso ist durchaus Anthropologe, Ferri mehr Soziologe. Gautier nennt in der Zeitschrift für Schweizer Strafrecht, Band 5, den italienischen Positivismus eine Vernunftehe zwischen Biologie und Soziologie. Wir sahen, wie sich Ferri um die Aufstellung des Begriffes vom „natürlichen Verbrecher“ mühte.

Immer stärker wurde innerhalb der positiven Schule der soziologische Einfluß, und schließlich entwickelte sich, besonders unter Führung des Professors an der Universität

[1]) Ferri: a. a. O., S. 19.
[2]) Ferri: a. a. O., S. 21.

Neapel, des Avvocato Bernardino Alimena, die sogenannte „Dritte Schule" („Terza scuola di diritto penale"). Alimena ließ 1892 eine Abhandlung erscheinen, die den Titel trug: „Naturalismo critico e diritto penale", und mit der sich Ernst Rosenfeld in einem Aufsatz im 4. Band der Mitteilungen der Internationalen Kriminalistischen Vereinigung beschäftigt. Rosenfeld findet als charakteristische Merkmale der Terza scuola, wie sie sich nach der Arbeit Alimenas darstellt, folgende: „Ablehnung der Willensfreiheit und Suchen nach anderweiter Begründung der Schuldlehre; die Ausscheidung der Behandlung Geisteskranker aus dem Strafrecht, das als „difesa sociale" aufgefaßt wird; die Leugnung des überwiegenden Einflusses biologischer und das Hervorheben gesellschaftlicher Ursachen des Verbrechens; endlich das Bestreben, dem Strafrecht seine Persönlichkeit, sein juristisches Wesen, zu wahren und es nicht aufgehen zu lassen in dem Begriff: Kriminalsoziologie"[1]).

§ 19. Das Gefährlichkeitsprinzip.

Alle diese unvermeidliche Zersplitterung und Meinungsverschiedenheit im einzelnen tritt aber zurück hinter die Erkenntnis, über die man sich einig bleibt, daß nämlich die Strafe ihrer Art und ihrem Maße nach sich der Natur der verbrecherischen Persönlichkeit anzupassen habe. Welche Strafe aber entspricht der Persönlichkeit des Verbrechers, welcher Maßstab gilt bei der Zumessung? Hier nähern wir uns dem Zentralproblem, dem innersten und durchaus neuen Kern der durch die positive Schule verkündeten Anschauungen und damit dem Punkt, der auch für den Entwurf von 1921 von entscheidender Bedeutung ist. Es ist nach allem bisher Gesagten selbstverständlich, daß Lombroso extremer Determinist ist. Willensfreiheit des Menschen in seinen Handlungen leugnet er schlechtweg; das Verbrechen ist für ihn, wie Frank sagt, „ein Naturphänomen und ebenso notwendig wie Geburt und

[1]) Dr. Ernst Rosenfeld: „Die dritte Schule", Mitteilungen der I. K. V.; IV. Band, Berlin 1894, S. 8.

Tod"[1]). Hieraus ergibt sich logisch, daß, wenn der Mensch, da er ja nicht frei ist, für seine Handlungen und Unterlassungen nicht verantwortlich gemacht werden kann, ein „Verschulden" im Sinne unserer Sprache und Gesetzgebung nicht gegeben ist. Fehlt aber das „Verschulden", dann kann es auch unmöglich Maßstab für Art und Schwere der Strafe sein. Maßgebend für Art und Schwere der Strafe kann vielmehr nur noch die Gefährlichkeit des Verbrechers sein, seine Gefährlichkeit für die Gesellschaft, die zu schützen Aufgabe des Staates und der ihm zustehenden Machtmittel ist.

Lombroso wird nicht geahnt haben, als er diese Gedanken vor mehr als 50 Jahren zum erstenmal im „L'uomo delinquente" niederlegte, daß er damit zugleich das Leitmotiv für ein nach Jahrzehnten in seinem Vaterlande zur Geltung kommendes Strafgesetz aussprach. Auch diese beiden Gedanken, mit den Schlagworten „Gefährlichkeit" und „Schutz der Gesellschaft" kurz bezeichenbar, wurden sofort von Ferri und Garofalo aufgenommen und weitergebildet.

Garofalo stellt in seiner „Criminalogia" zwei Prinzipien auf, die der Strafe Sinn und Zweck geben: Anpassung der anpassungsfähigen Verbrecher durch Geldstrafen und durch Entschädigung des Verletzten oder aber Ausstoßung, wenn sich die Notwendigkeit dauernder oder vorübergehender Entfernung des Täters von der menschlichen Gesellschaft als notwendig erweist. Über die Kriterien der Anpassungsfähigkeit aber ist man verschiedener Ansicht. Garofalo sieht als maßgebend dafür an das Verbrechen und seine Nebenumstände, Ferri dagegen, hierin noch mehr Lombrosianer, gibt den anatomischen Abnormitäten bei der Beurteilung den Vorrang.

Frank fragt am Schlusse seiner Abhandlung über die Lehre Lombrosos, weshalb man, wenn es wahr ist, daß sich wenigstens der „geborene Verbrecher" aus körperlichen Abnormitäten erkennen läßt, ruhig warten soll, bis er auch

---

[1]) Frank: „Die Lehre Lombrosos", Mohr, Tübingen 1907, Seite 38.

wirklich ein Verbrechen begangen hat. „Normalerweise muß er ja zu gegebener Zeit töten, rauben, stehlen, — ist es da nicht eine Sünde gegen Staat und Gesellschaft, ihn so lange frei herumlaufen zu lassen, bis sich die äußere Veranlassung zum Verbrechen bietet? Ihre Pflicht würden die Behörden vielmehr nur dann erfüllen, wenn sie jeden Menschen nach Erreichung eines bestimmten Lebensalters körperlich oder auch geistig untersuchten und ohne weiteres alle die beseitigten, bei denen sich die Eigentümlichkeiten des geborenen Verbrechers vorfänden"[1]).

Das dürfte wohl eine allzu konsequente Auffassung der Ansichten Lombrosos sein. Frank gibt selbst zu, daß nach der Ansicht Lombrosos ein „geborener Verbrecher" sogar sterben kann, ohne jemals ein Verbrechen begangen zu haben, er bleibt deshalb doch ein „geborener Verbrecher", wenn er nur die betreffenden physischen und psychischen Eigenschaften aufweist, die ihn als zur Rasse der Verbrecher gehörig erscheinen lassen. Und so wenig man, um von Franks eigenem einleuchtenden Beispiel auszugehen, einen „geborenen Dichter", der entweder überhaupt niemals von seiner natürlichen Begabung Gebrauch macht, oder der noch die Schulbank drückt, ein Denkmal setzen würde, ebenso wenig haben wir das Recht oder gar die Pflicht, einem „geborenen Verbrecher", nur weil er mit gewissen körperlichen oder geistigen Abnormitäten ausgestattet ist, aus der Gesellschaft auszustoßen, bevor er seine physisch-psychische Veranlagung in irgend einer Weise betätigt hat. Diese Konsequenz müßte man nur dann aus der Lehre Lombrosos ziehen, wenn dieser nicht selbst zugegeben hätte, daß nicht jeder von ihm als „geborener Verbrecher" Erkannte auch wirklich mit den Strafgesetzen in Konflikt gerät.

§ 20. Der Einfluß auf Deutschland.

Es bleibt endlich noch kurz zu untersuchen, wie weit die deutschen Kriminalisten von den Lehren der italienischen

---

[1]) Frank a. a. O., S. 40.

positiven Schule und ihrer Varianten nach der einen Ansicht „angekränkelt", nach der anderen „befruchtet" wurden. Den ungeheuren Einfluß, den diese Lehre auf die italienischen Juristen gehabt hat und noch hat, wird die spezielle Betrachtung des Entwurfs von 1921 zeigen.

Unter den führenden deutschen Kriminalisten hat keiner, auch nicht der — um das Bild aus der Politik herüberzunehmen — am weitesten links Stehende den Begriff des Verbrechertypus, des „l'uomo delinquente", schlechthin anerkannt. Viele nähern sich der Ansicht Ferris und wollen die sozialen Faktoren des Verbrechens vor allem berücksichtigt wissen. Aber nicht der Richter kann nach dieser Ansicht das Maß und die Schwere der gerade für diesen Verbrecher notwendigen Maßregeln beurteilen. Die flüchtige Stunde, wo der Täter, erregt und gesteigert und darum naturgemäß verändert, vor seinen irdischen Richtern steht, kann diesen unmöglich ein so festumrissenes und untrügliches Bild seiner verbrecherischen Persönlichkeit geben, daß sie danach auf Jahre und Jahrzehnte hinaus die dem Verbrecher notwendige Behandlung bestimmen könnten. Hiermit müssen sich vielmehr die strafvollziehenden Behörden befassen, die den Täter, vielleicht Jahre hindurch, in seiner Arbeit und in seiner Rast, im Einerlei des Alltags fortgesetzt zu beobachten Gelegenheit haben. Diesen Behörden allein kann ein Urteil über Dauer und Schwere der Strafe zugesprochen werden. Aus diesem Gedankengang resultiert die Forderung nach den „unbestimmten Strafurteilen".

Es ist ersichtlich, daß auch schon diese Forderung, der jeder Vergeltungsgedanke als Zweck — nicht als Wesen! — durchaus fern liegt, und die bereits nach den Lombroso-Ferrischen Begriffen „Gefährlichkeit" und „Schutz der Gesellschaft" hin tendiert, eine entschiedene Absage der deutschen Kriminalisten an die alte klassische Schule und ihre Lehre von der Idee der Gerechtigkeit bedeutet.

V. Abschnitt.

Die Vorgeschichte des Entwurfs und seine äußere Gliederung.

§ 21. Die Einsetzung der Kommission.

Vergleichen wir die Grundprinzipien des geltenden italienischen Strafgesetzbuches mit den Gedanken und Zielen eines Lombroso, Ferri oder Garofalo, so ist auf den ersten Blick ersichtlich, daß die Männer der positiven Schule von Anfang an die geschworenen Gegner dieses Gesetzbuches waren, und daß das vornehmste Ziel ihres Wirkens während der letzten Jahrzehnte die Beseitigung dieses Strafgesetzes und seine Ersetzung durch ein neues, ihren Ideen gemäßeres, sein mußte. Vor allem Ferri war es, der vermöge seines immer steigenden politischen Einflusses als führender sozialdemokratischer Abgeordneter der Deputiertenkammer den Kampf um die Reform führte. Zunächst machte man durch Sondergesetze betr. die bedingte Verurteilung und die Behandlung der Jugendlichen den „Positivisten" ein Zugeständnis nach dem anderen, und Regierung wie Universitäten stellten in fortschrittlichster Weise dem Wachsen der neuen Lehre keine Schranken.

Da kam mit dem 14. September 1919 für die Positivisten der große Tag, der ihren Sieg offiziell bestätigte. Ein königliches Dekret vom 14. September 1919 verfügte nämlich: „Es wird beim Justizministerium eine Kommission eingesetzt mit der Aufgabe, die nötigen Reformen im Systeme der Strafgesetzgebung vorzuschlagen, um in Harmonie mit den Prinzipien und den rationellen Methoden der Verteidigung der Gesellschaft gegen das Verbrechen im allgemeinen einen erfolgreicheren und sichereren Schutz gegen das Gewohnheitsverbrechertum zu erreichen"[1]. Verteidigung der Gesellschaft! Schutz gegen das Gewohnheits-

[1] Deutsches Zitat aus: Delaquis, „Ausländische Umschau", in der Zeitschr. für die ges. Strafrechtswissenschaft, Bd. 42, S. 288.

verbrechertum! Schlagworte, die bisher der Kampfesruf der Streitenden waren, treten uns hier zum ersten Male offiziell von Regierungsseite entgegen. Weitgehende Befugnisse werden der Kommission durch das königliche Dekret eingeräumt, sie kann und soll gesetzgeberische Reformvorschläge auch für jedes andere Gebiet der Gesetzgebung machen, sofern sie es für nötig erachtet. An die Spitze wird durch königliches Dekret der führende sozialdemokratische Parlamentarier Enrico Ferri, ordentlicher Professor an der Universität Rom, als Präsident gestellt, neben ihn Garofalo, Oberstaatsanwalt am Kassationsgerichtshof in Turin, als stellvertretender Präsident, ferner 13 andere Herren, die bis auf die zwei Professoren Stoppato und Carnevale sämtlich „Verhütungsrechtler" sind, wie Kantorowicz die Anhänger der positiven im Gegensatz zu den „Vergeltungsrechtlern", den Anhängern der klassischen Schule nennt[1]). Stoppato und Carnevale schieden bald nach Zusammentritt der Kommission aus.

§ 22. Die Stellung der Regierung.

Wenn schon diese Zusammensetzung der Kommission mit Ferri und Garofalo an der Spitze, das Ausscheiden der „gegnerischen Vertreter" und endlich der Umstand, daß 4 der 15 Mitglieder Psychiater und Biologen waren, klar die Stellung der Regierung zu dem Schulenstreit bekundete, so wurde durch den dem köngilichen Dekret vorangehenden Bericht des Justizministers Mortara der Sieg der positivistischen Richtung bei der Reform des Strafrechts in Italien offiziell bestätigt. „Mehrmals, auch durch direktes Drängen gegenüber der Regierung im Parlamente ist die Erlassung legislativer Bestimmungen verlangt worden, die geeignet wären, der Gesellschaft eine feste und dauerhafte Verteidigung gegen das Gewohnheitsverbrechertum zu bieten . . . Eine wissenschaftlich und praktisch exakte Auffassung des Gewohnheitsverbrechertums und der besten

[1]) Hermann Kantorowicz: „Der italienische Strafgesetzentwurf und seine Lehre." Freiburger Lenelfestschrift; Leipzig 1923, Tauchnitz.

Verteidigung der Gesellschaft gegen dasselbe hat zur notwendigen Voraussetzung die Determinierung genauer wissenschaftlicher und praktischer Prinzipien betreffend das verbrecherische Phänomen unter Berücksichtigung des beabsichtigten Endzwecks der sozialen Verteidigung, von welchem der Gesetzgeber bei Betrachtung des Verbrechers und in der Vorsorge von Unterdrückungsmitteln gegen seine gefährliche Tätigkeit erfüllt und geleitet sein muß"[1]). Man glaubt hier Lombrosos Stimme zu hören. — Weiter betont Mortara den doppelten Zweck, dem sich die Präventiv- und Repreßivmaßregeln der Gesellschaft anzupassen haben: humane Behandlung für die Gelegenheitsverbrecher mit dem Zweck, dieselben vor Rückfall zu bewahren; für das Verbrechertum der Gewohnheitsverbrecher aber sind ihm die Maßnahmen angezeigt, „welche geeignet sind, diese verderbten Elemente aus der Gemeinschaft der ehrlichen Bürger zu eliminieren, da sie in ihr notwendigerweise eine auflösende, verderbliche Tätigkeit ausüben"[2]). Außer der Materialität der verbrecherischen Taten sind vor allem die persönlichen Verhältnisse des Verbrechers zu berücksichtigen. Die Verbrechensverfolgungsmethoden sind auszubauen und zu verfeinern, „um die allzu große Zahl von Verbrechen zu vermindern, welche noch der Einwirkung, ja sogar der Kenntnis der Justiz entgehen"[3]).

Schon drei Wochen nach Erlaß des königlichen Dekrets hat im Beisein des Justizministers Mortara die Eröffnung der Arbeiten der Kommission stattgefunden. In der Eröffnungsrede bekannte Mortara sich als Anhänger des wissenschaftlichen Positivismus, „der meine Gedanken leitet und geleitet hat von dem Tage an, da ich anfing, über das Recht und seine soziale Funktion nachzudenken"[4]).

[1]) Bericht Mortaras, dem königlichen Dekret vom 14. 9. 1919 vorausgeschickt. Deutsch zitiert nach einem Bericht Ferris; von Delaquis in der Zeitschr. f. die ges. Strafrechtswissenschaft, Bd. 42, S. 287, veröffentlicht.

[2]) Mortara: a. a. O., S. 287.

[3]) Mortara: a. a. O., S. 287.

[4]) Eröffnungsrede Mortaras vom 8. 10. 1919; z. T. deutsch abgedruckt nach einem Berichte Ferris in der Zeitschr. f. d. ges. Strafrechtswissenschaft, Bd. 42, S. 289.

Der verantwortliche Justizminister Italiens stellt hier fest, daß „in Italien ... heute das Gefühl der absoluten Unwirksamkeit der gegenwärtigen Gesetzgebung ganz allgemein auch im Hinblicke auf die Erreichung jenes bescheidenen Zieles, welches man ihr bei allermäßigsten Ansprüchen zuweisen muß“ [1]), vorherrscht. Und endlich spricht Mortara hier klipp und klar aus, daß die Verantwortlichkeit des Täters zwar von juristischer Bedeutung in bezug auf den einzelnen Fall der Gesetzesübertretung ist, daß aber „der Grad der Verletzung, welchen die Gesetze der bürgerlichen Gemeinschaft durch eine verbrecherische Tat erleiden, ... sich nicht nach der Verantwortlichkeit, sondern nach dem Grade der Gefährlichkeit des Täters“ [2]) bemißt.

§ 23. Die Veröffentlichung des Entwurfes.

Fünfzehn Monate später, Anfang Januar 1921, ist das Werk geschehen. Der „Vorentwurf“ des allgemeinen Teils mit einer 148 Druckseiten starken Begründung wird durch Ferri als den Präsidenten und Verfasser der Begründung dem neuen Justizminister Fera überreicht. Bereits im Frühjahre wurde der Entwurf in einer halbamtlichen Ausgabe auch in das Ausland verschickt. Im Juni 1921 erschien zusammen mit einer englischen und französischen Übersetzung auch eine deutsche Übersetzung von Harry Kahn, das Ganze unter dem Titel: Relazione sul Progretto Preliminare di Codice penale Italiano (Libro I), Rom 1921, bei „L'Universelle“, Imprimerie Polyglotte“ [3]). Zur selben Zeit erschien im gleichen Verlag ein Sonderabdruck dieser Ausgabe, nur den italienischen und deutschen Text enthaltend [4]). Von diesen beiden Ausgaben wurden an deutsche Strafrechtler Exemplare in großzügiger Weise

---

[1]) Mortara: a. a. O., S. 290.

[2]) Mortara: a. a. O., S. 289.

[3]) Diese Ausgabe war mir nicht erhältlich; dagegen zitiert Kantorowicz in seiner oben angeführten Schrift: „Der italienische Strafgesetzentwurf und seine Lehre“ darnach.

[4]) Das ist die dieser Arbeit zu Grunde liegende Ausgabe.

verschickt als stille und nachträgliche Bekräftigung der Bitte Ferris am Schlusse seiner Denkschrift, daß der vorliegende Entwurf „im Schmelztiegel der heimischen und internationalen Kritik“ noch verbessert werden möge.

§ 24. Die Gliederung des Entwurfs.

Nur der allgemeine Teil des Entwurfs ist bisher von der Kommission fertiggestellt, der besondere Teil, der die Aufzählung und Definition der einzelnen Deliktstatbestände enthalten wird, soll in absehbarer Zeit folgen.

Der allgemeine Teil gliedert sich, abgesehen von vorangestellten einleitenden Bestimmungen, in drei große Hauptteile, Titel genannt, von insgesamt 131 Artikeln. Nur 7 von diesen 131 Artikeln bilden den ersten Teil: „Das Verbrechen.“ Schon hierdurch kommt rein äußerlich der geringe Wert zum Ausdrucke, den die italienischen Gesetzgeber auf das Verbrechen selbst legen. Zwanzig Artikel umfaßt der Abschnitt „Der Verbrecher“. Und zwar wird dort zunächst von der „Verantwortlichkeit“, dann von der „Gefährlichkeit“ und dann von den einzelnen Verbrechergruppen: Rückfalls-, Gewohnheits-, geisteskranken und minderjährigen Verbrechern gehandelt. Der dritte Teil, nämlich mit über 90 Artikeln, die beiden anderen Titel weit übertreffend, behandelt die Sanktionen („sanzioni“). Der Entwurf vermeidet, wie im Abschnitt über den Verbrecher das Wort „Schuld“, an dessen Stelle er „Verantwortlichkeit“ setzt, so hier das Wort „Strafe“ ängstlich, um alle auch äußerlichen Brücken mit der Vergangenheit abzubrechen. Was der Entwurf „Sanktionen“ nennt, ist allerdings nicht unseren „Strafen“ gleichzusetzen, sondern umfaßt sowohl Strafen wie auch sichernde Maßnahmen. Eine Unmenge Sanktionsarten, auf die später natürlich noch zurückzukommen sein wird, wird hier nicht nur aufgezählt, sondern z. T. genau differenziert.

VI. Abschnitt.

Die Grundgedanken des italienischen Entwurfs.

§ 25. „Soziale Verteidigung" und „Gefährlichkeit des Verbrechers".

Die Grundgedanken der Reform anzudeuten, bot sich bereits oben bei Erwähnung des Mortaraschen Programms Gelegenheit. Zwei Quellen haben wir neben diesen Ausführungen Mortaras vor allem zu beachten, einmal den großen Programmaufsatz Ferris über: „Die Reform der Strafjustiz in Italien" und dann die Denkschrift zu dem Entwurf selbst, gleichfalls im wesentlichen aus Ferris Feder.

Festhalten müssen wir vor allem, daß der Entwurf von zwei Grundprinzipien beherrscht ist, die, seit vier Jahrzehnten von den Positivisten vertreten, soviel ich sehe, in konsequenter Weise den ganzen Entwurf beherrschen: Die „soziale Verteidigung" und „die Gefährlichkeit des Verbrechers". „Die soziale Verteidigung", sagt Ferri, „ist zu verstehen als die praktische und tägliche Aufgabe der Staatsfunktion außerhalb und über den philosophischen Lehrmeinungen, religiösen Glaubenssätzen und scholastischen Polemiken" [1]). Der Staat erfüllt nach Ferris Ansicht eine positive Funktion durch den Schutz und die Verteidigung der Gemeinschaft gegen das Verbrechen, welches nur eines der vielen sozialen Übel ist, die das Gefüge dieser bürgerlichen Gemeinschaft gefährden können.

„Gefährlichkeit des Verbrechers" aber heißt, daß der Urteilsspruch des Gerichts nicht nur der größeren oder geringeren Schwere des Verbrechens als materieller und antijuristischer Tat proportioniert sein soll. Von nun an soll die Strafjustiz zwar ausgehen vom Verbrechen als antijuristischer Tat, aber die Sanktion soll der Persönlichkeit des Verbrechers angepaßt werden, und als Maßstab für Art und Schwere der Sanktion soll

---

[1]) Ferri: „Die Reform der Strafjustiz in Italien"; Zeitschr. für die ges. Strafwissenschaft, Bd. 41, S. 474.

allein der Grad der sozialen Gefährlichkeit des Täters ausschlaggebend sein. Während bisher der Verbrecher nach einer Rede Mancinis in der Kammer „wie unter einer Glasglocke“, d. h. losgelöst von den Bedingungen seiner physischen und sozialen Umgebung betrachtet wurde, soll er nun in seiner tatsächlichen organischen und psychischen Konstitution beobachtet werden.

Die „soziale Verteidigung“ und die „Gefährlichkeit des Verbrechers“ im oben dargelegten Sinne sind die beiden immer fest zu haltenden Richtlinien bei der Betrachtung des Entwurfs, auf denen sich das ganze Werk logisch aufbaut. Darum setzt die Denkschrift ganz an den Anfang die Sätze: „. . . es handelt sich darum, den Angelpunkt des Strafgesetzes vom Verbrechen auf den Verbrecher zu übertragen . . . Die Sicherungen vor Verbrechen gegen den einzelnen sind mit den Sicherungen vor dem Verbrechen gegen die Gesellschaft in Einklang zu bringen“[1]). Daraus ergibt sich, daß die Repressivmaßregeln für die gefährlichen Gewohnheitsverbrecher streng, weniger hart jedoch die für die große Mehrzahl der mindergefährlichen Gelegenheitsverbrecher zu sein haben. Wiederholung der verbrecherischen Tat ist nicht „durch ein Wüten gegen die Verbrecher, wie gegen reißendes Getier“[2]), sondern durch Absonderung von der bürgerlichen Gemeinschaft bei den Gewohnheitsverbrechern, durch Rückkehr in diese als arbeitsame Staatsbürger bei den Gelegenheitsverbrechern zu erreichen.

§ 26. Die Ablehnung des Schuldbegriffes.

Der Begriff der „Gefährlichkeit des Verbrechers“ und der darum erforderlichen und vom Staate zu betreibenden „sozialen Verteidigung“ gegen ihn wäre aber sinnlos, wenn man daran festhielte, den Verbrecher als vollkommen normalen, durch irgendwelche zufällige Umstände einmal „gefallenen“ — und dann vielleicht immer wieder gefallenen —

[1]) Denkschrift, S. 181.
[2]) Denkschrift, S. 184.

Menschen anzusehen, als einen Menschen, der, frei im Willen, aus irgendwelchen guten oder schlechten Antrieben die Tat getan und damit Schuld auf sich geladen hat, die er nun durch Strafe büßen soll. Bei einem solchen Begriffssystem könnte man von Gefährlichkeit des Täters und Verteidigung gegen ihn kaum sprechen. Die Verfasser des Entwurfs stehen aber auf einem anderen Standpunkte. „Daß der Verbrecher auch, abgesehen von den augenscheinlichen und anerkannten Fällen von Irrsinn, ein anormales Wesen vorstellt, ist eine Überzeugung, welche sich im Bewußtsein der Öffentlichkeit durch das Werk dieser Infiltration der Ideen und wissenschaftlichen Beobachtungen der lombrosianischen Schule eingewurzelt hat"[1]), sagt Ferri und kehrt damit zum Begriffe des „geborenen Verbrechers" zurück. Klar legt Ferri den Kreislauf menschlicher Anschauungen dar. Während der ganze mystische Orient und das vorsokratische Griechenland mit den Begriffen „fatum" und „*μοῖρα*" operierten, hat sich mit der nachsokratischen Philosophie und mit der Lehre Christi die Überzeugung von der moralischen Schuld des Menschen eingewurzelt und daher seiner moralischen Verantwortlichkeit der Staatsgewalt gegenüber. Seit einigen Jahrzehnten, vor allem seit dem Auftreten der Deterministen ist man geneigt, *μοῖρα* und fatum wieder zu bejahen, die Handlungen der Menschen für unfrei zu erklären und daher — das ist die notwendige Folge dieses Gedankenganges — einen Menschen, dessen fatum ihm gebietet, wiederholt Handlungen zu tun, die der Ansicht und dem Tun der normalen Staatsbürger zuwider sind, für „anormal" zu erklären. Keineswegs leugnen die italienischen Gesetzgeber, sämtlich Deterministen, die moralische Schuld des Menschen in gewissem Sinne, sie leugnen nur das Recht der Menschen, Menschen nach dieser Schuld zu verurteilen. „Um die Schuld eines Menschengeschöpfes zu messen und abzuwägen, gehört nicht weniger als die Allwissenheit Gottes. Zu wissen, welches Erbe vergangener Generationen in der Seele eines lebenden Geschöpfes den

[1]) Ferri: a. a. O., S. 476.

Instinkt des Blutes, der Brandstiftung oder der Schändung weckt, zu wissen, durch welche Wechselfälle seines Lebens in- und außerhalb des Mutterleibes, durch welche Verhältnisse der Familien- oder Gesellschaftssphäre dieser Mensch dazu gelangt sei, einen Mord, eine Brandstiftung, eine Schändung zu begehen, ist ein Urteil, das der beschränkte Geist eines Richters, von einem Weibe geboren, nicht fühlen kann"[1]). Das Bibelwort „Ihr sollt nicht richten!" gewinnt demnach bei den italienischen Positivisten einen tiefen Sinn. Nein, nicht richten soll der Mensch über Menschen, aber verteidigen darf er sich, darf sich die Gesellschaft, darf sich der Staat gegen die Störungen der Rechtsordnung, des Friedens und der Sitte!

Die Ablehnung des Schuldbegriffes und die Bejahung der Notwendigkeit der sozialen Verteidigung nach dem Maßstab der Gefährlichkeit sind die wesentlichsten Programmpunkte des Entwurfs.

§ 27. Die Schule als Mittel zur Verbrechensbekämpfung.

Ferri betont in seinem Aufsatze besonders, daß die Heilmittel gegen die Ursachen, welche die Menschen zum Verbrechen treiben, zu neun Zehnteln außerhalb des Strafgesetzes liegen, „sie sind im bürgerlichen Rechte, in der Wirtschaftsgesetzgebung, in der Familienordnung, im Schul- und Erziehungsproblem, sie sind in allen Vorkehrungen des sozialen Lebens enthalten, welche die Antriebsursachen der Verbrechen eliminieren und einschränken"[2]).

So erkennt Ferri, daß dem Staate, will er eine wirksame Verbrechensbekämpfung durchführen, auf Jahrzehnte hinaus eine Unsumme von Arbeit zu tun bleibt. Krone und Stamm des Baumes sind krank, — an den Wurzeln muß daher die Genesungsarbeit beginnen! Ferri stellt einen Arbeitsplan auf, das umfassend, was man zutreffend die „soziale Vorbeugung der Kriminalität" nennen könnte: „... die indirekte und weit zurückliegende Vorbeugung, welche

1) Ferri: a. a. S., S. 481.
2) Ferri: a. a. O., S. 481 f.

die Entstehungsursachen der Verbrechen auffindet und studiert und die Heilmittel angibt, die geeignet sind, seine verderbliche Macht womöglich zu beseitigen oder wenigstens zu schwächen. Dies tun alle Gesetze, welche die Verhältnisse der physischen und moralischen Existenz des Individuums in der Gesellschaft betreffen, von seiner Zeugung angefangen bis zur Kindheitshygiene, zur Schul- und Erziehungsordnung, zu den Arbeitsverhältnissen, zum materiellen und moralischen Familienleben"[1]. Die Schule, überhaupt die Erziehung, möchte ich für den wesentlichsten Punkt dieser Aufzählung halten. Die acht bis dreizehn Lebensjahre, die jeder Staatsbürger in der öffentlichen Schule zubringt, geben dem Staate die beste und eine nie wiederkehrende Gelegenheit der Verbrechensbekämpfung; hier steht der einzelne in unmittelbarer und ständiger Verbindung mit dem Staate, verkörpert in der Person seiner Lehrer, hier kann physisch und psychisch der Staat direkt auf seine Mitglieder einwirken. Vorher steht das Kind noch durchaus unter dem Einflusse des Elternhauses, und die Einwirkung des Staates im allgemeinen und der Verbrechensbekämpfung im besonderen kann hier nur der Gegenstand mittelbarer Arbeit sein, nachher entgleitet der Mensch wieder mehr oder weniger der Hand des Staates, das Leben verschlingt ihn, das Verhältnis des Bürgers zum Staat wird ein indirektes, man könnte sagen papierenes, während es vorher ein menschliches war. Kern der Verbrechensbekämpfung, — so wichtig auch alle Gesetze und Verordnungen betreffend Mutterschutz, Säuglingspflege, Kindheitshygiene, Betriebsgesetzgebung, Altersfürsorge usw. sind, Ausgangspunkt bleibt immer die Schule und alles, was mit ihr zusammenhängt; denn sie ist allein imstande, dem Staate ein großes und geschlossenes Bild jedes Bürgers zu vermitteln in den für die Entwicklung eines jeden ausschlaggebenden Jahren.

Auch Ferri will auf die anthropologische Einschätzung der Bevölkerung in der Volksschule das Hauptgewicht gelegt wissen. „Wir glauben, daß in der Volksschule der Zu-

---

[1] Ferri: a. a. O., S. 481 f.

kunft jeder Schüler seine anthropologische Karte haben wird, auf welcher der Arzt seine körperlichen und psychologischen Charakteristiken, die der ererbten Vorbedingungen seiner Schulaufführung verzeichnen wird"[1]). Schon hierdurch hofft Ferri eine sichere Kartothek der „Verbrecherkandidaten" zu erhalten, auf die dann der Staat sein Hauptaugenmerk zu richten hat, und auf die durch besondere Maßnahmen einzuwirken ist. Ferri verfällt dabei nicht dem Irrtum, sich von seinen Gedanken und Vorschlägen das Kommen einer verbrechenslosen Zeit zu erhoffen! „Auch wenn die Hauptursache des Verbrechens, das Elend, beseitigt sein wird, wird es doch immer Verbrechen geben, wenn nicht aus anderen Gründen, so doch aus Geistesstörung und Verirrung der Leidenschaft"[2]).

Der Arbeitsplan der Gesellschaftsverteidigung soll sich aber auch auf das begangene Verbrechen erstrecken. Neben speziell italienischen und hier darum weniger interessierenden gerichts- und vollzugstheoretischen Reformen erkennt Ferri als Aufgabe des Staates, was bei uns bisher durch private Organisationen schon lang erstrebt und bis zu einem gewissen Grade auch erreicht wird: Fürsorge und Überwachung der entlassenen Sträflinge. „Der Staat kann nicht einfach die Kerkertore eines Menschen öffen, der durch Jahre im Kerker gewesen ist, und ihn allen Schwierigkeiten und Versuchungen des modernen Lebens preisgeben und sich dann damit begnügen, die Strafe zu verschärfen, um seinen gesetzlichen Rückfall zu konstatieren"[3]).

§ 28. Die Jugendlichen.

Das Prinzip der größeren oder geringeren Gefährlichkeit des Verbrechers als maßgebender Umstand für Art und Schwere der staatlichen Sanktion soll aber nur für den Normalfall des Verbrechers, für den erwachsenen Verbrecher, gelten. Für den minderjährigen Verbrecher da-

[1]) Ferri: a. a. O., S. 482.
[2]) Ferri: a. a. O., S. 484.
[3]) Ferri: a. a. O., S. 484.

gegen wird „die Tätigkeit der Strafjustiz im Beistand und in der moralischen und professionellen Erziehung bestehen, abgesehen natürlich von den Vorsorgen für anormale und geistig minderwertige Verbrecher“[1]). Das Problem der „Jugendlichen“ ist ja für den Gesetzgeber, für den Richter und für den Strafvollzugsleiter eines der schwierigsten. Während man es sich noch in der Mitte des vorigen Jahrhunderts leisten konnte, die Jugendlichen als strafrechtliche Sondergruppe zu übersehen, da die Verhältnisse kaum Straftaten Jugendlicher ergaben, die vor Gericht kamen und nicht einfach disziplinär abgestraft wurden, steht heute die Behandlung der Jugendlichen überall im Brennpunkt des Interesses. Das Wort vom erschreckenden Anwachsen der Kriminalität der Jugendlichen in den letzten Jahrzehnten ist schon zum Schlagwort geworden, und die Gründe dafür brauchen an dieser Stelle nicht einzeln erörtert zu werden. Die Denkschrift zum Entwurf faßt sie anschaulich zusammen: „Die Kriminalität der Minderjährigen ist eine Erscheinung, die sich vorwiegend infolge der von der Industrie herbeigeführten Auflösung der Familie, der ungenügenden oder fehlenden Erziehungstätigkeit der Schule, sowie auch durch den erblichen Einfluß der physiologisch-psychologischen Degenerationsmomente, die, zumal in den Großstädten mit ihrer furchtbaren Trias von Alkoholismus, Syphilis und Tuberkulose, die Lebenskraft untergraben, in allen Kulturstaaten verschärft hat“[2]). Überall hat man daher schon seit der Jahrhundertwende die Notwendigkeit einer besonderen Bekämpfung dieses Anwachsens der jugendlichen Kriminalität erkannt und hat durch Einrichtung besonderer Jugendgerichte, Jugendfürsorgeämter, Strafanstalten für Jugendliche u. a. m. viel getan.

Diese Gesetze betreffend die Jugendlichen gehen zum großen Teil bereits von den Grundprinzipien aus, die die italienischen Positivisten für alle Verbrecher erstreben, und die nun auch den italienischen Entwurf beherrschen. Ganz allgemein sieht man hier von der Bedeutung

---

[1]) Ferri: a. a. O., S. 486.

[2]) Denkschrift, S. 186.

der sittlichen Schuld und der moralischen Verantwortlichkeit ab und arbeitet lediglich mit dem Kriterium des Gesellschaftsschutzes auf das Ziel der Wiedererziehung zum Leben in Freiheit hin. Für den italienischen Entwurf, den ja ohnehin ganz dieser Gedanke trägt, handelte es sich daher nur darum, die „soziale Gefährlichkeit" als Kriterium der Sanktion bei den Jugendlichen zu streichen und die staatlichen Maßnahmen nur nach den physischen und psychischen Verhältnissen des jugendlichen Täters zu bemessen.

§ 29. Politisch-soziale Verbrechen.

Neben der Zunahme der „Jugendlichen" haben uns die letzten Jahrzehnte noch eine andere strafrechtlich hoch bedeutsame Entwicklung gebracht: Die Ausbreitung der politischen Verbrechen. Diese Tatsache braucht in einem Deutschland von 1922 nicht erst bewiesen zu werden. Das allmähliche Hintreiben zur Staats- und Gesellschaftsumwälzung und nun der Zustand dieser Umwälzung selbst, in dem wir seit einigen Jahren stehen, haben in fast allen europäischen Ländern in den letzten Jahren das politische Verbrechen — „Verbrechen" hier im weitesten Sinne vom Flugzettelaustragen bis zum Meuchelmord — ungeheuer anwachsen lassen, und noch ist hier kein Ende abzusehen. Allein der politische Mord, ganz abgesehen von politischen Verbrechen, die nicht zum Tode des Angegriffenen geführt haben oder rein geistiger Natur sind, hat sich zu einem üblichen Kampfmittel ausgewachsen. Wenn Zahlen reden können, so hier. In einer von der „Deutschen Liga für Menschenrechte" in Berlin durch E. I. Gumbel unlängst herausgegebenen Zusammenstellung[1]), die nicht offiziellen Charakter trägt, sich aber durch peinlich genaues, mit großem Fleiß zusammengetragenes Tatsachenmaterial auszeichnet, wird festgestellt, daß in der Zeit vom Januar 1919 bis zum Rathenaumord insgesamt in Deutschland 376 politische Morde begangen worden sind. Hierin hat uns vermutlich nur noch Rußland übertroffen.

---

[1]) E. I. Gumbel: „Vier Jahre politischer Mord", Verlag der neuen Gesellschaft, Berlin 1921.

So erscheint es geboten, — und das befürwortet auch der italienische Entwurf — mit der ganzen Schwere des Gesetzes gegen diese Auswüchse des politischen Kampfes einzuschreiten. Wohl aber war man sich von jeher darüber klar, daß politisches und gemeines Verbrechen zwei verschiedene Dinge sind. Gewiß gibt es Fälle, in denen beides ineinander übergeht — gerade beim Mord wird es fast immer so sein —, aber im allgemeinen kann man mit Ferri sagen, daß das gemeine Verbrechen immer von einem egoistischen Gefühl des Verbrechers bestimmt wird. „Es wird ein mehr oder weniger brutales egoistisches Gefühl sein, wie die Rache, der Haß, die Begierde; es wird ein mehr oder weniger entschuldbares oder sogar verzeihliches Gefühl sein, wie die Leidenschaftsausbrüche der Liebe und der Ehre, aber es sind immer Verbrechen, die von egoistischen Antrieben bestimmt werden. Das politisch-soziale Verbrechen hingegen, auch wenn es in abscheulichen, gewalttätigen und blutigen Formen auftritt, ist immer von einem altruistischen Beweggrunde bestimmt. Es kann eine Abirrung des Altruismus sein, aber Altruismus ist es immer“ [1]).

Aus diesem Grunde unterscheidet der italienische Entwurf klarer, als es andere Gesetzbücher, auch das deutsche, tun, gemeine und politisch-soziale Verbrecher. Politisch-s o z i a l e Verbrecher nennt der Entwurf sie deshalb, weil es sich ja in unserer Zeit nicht nur um im engeren Sinne politische Taten handelt, sondern zumeist um solche ökonomisch-sozialen Charakters, um Motive, „die in der Sorge um eine Verbesserung der Staats- und Gesellschaftsordnung zum Wohle der ganzen Gesellschaft oder einer Gesellschaftsklasse bestehen. Wenn ein politisch-soziales Verbrechen sich über den einfachen Ausdruck einer Idee hinaus . . . noch in einem materiellen gewalttätigen Angriff gegen eine bestimmte politisch-soziale Weltordnung äußert, so fällt sie unter das Strafgesetz“ [2]). Unbillig aber wäre es, den oft altruistischen politisch-sozialen Verbrecher zu bestrafen wie den meist egoistischen gemeinen Verbrecher

1) Ferri: a. a. O., S. 485.
2) Denkschrift, S. 187.

oder ihn gar, wie es vor noch nicht allzu ferner Zeit „unter dem verflossenen Despotentum", wie die Denkschrift sagt, der Fall war, ganz besonders hart zu bestrafen. Der Entwurf schlägt für den politisch-sozialen Verbrecher zwei Formen von Sanktionen vor: Exil für die weniger gefährlichen, nicht gewalttätigen politisch-sozialen Verbrecher, wobei Ferri wohl allzu optimistisch glaubt, daß man die Monarchisten einer Republik nur in monarchisch regierte Länder, die Republikaner einer Monarchie nur in Republiken zu verbannen braucht, damit sie „staatstreue" Bürger werden [1])! Für die Täter von solchen politisch-sozialen Verbrechen, die von Gewalttätigkeiten gegen Personen oder Sachen begleitet sind, schlägt der Entwurf Einzelhaft vor, die unserer „Festung" entspricht, mit dem Rechte des Verurteilten, sich geistig zu beschäftigen, zu korrespondieren und Besuche zu empfangen.

§ 30. Die „Verantwortlichkeit vor dem Gesetz".

Wir nähern uns nun bei der Darlegung der Grundprinzipien des Entwurfs dem Gedanken, der die stärkste Umstellung unserer Anschauungen erfordert, da er für uns in dieser Form etwas völlig Neues ist. Es handelt sich um das Problem der Verantwortlichkeit vor dem Gesetz. Forderung des Entwurfs ist: der Mensch, der ein Verbrechen begangen hat, muß sich wegen dieses Verbrechens immer gesetzlich verantworten, gleichgültig, ob er jung oder alt, Mann oder Frau ist, gleichgültig auch, ob er in Trunkenheit oder Geistesverwirrung gehandelt hat. Die Denkschrift legt klar, daß man bisher drei Formen von Zurechenbarkeit unterschied: materielle, d. h. daß dieser Täter diese Tat wirklich begangen hat, moralische, d. h. daß der Täter für die Tat die moralische Schuld trägt, daß sie ihm „zugerechnet" werden kann, und endlich die gesetzliche oder strafrechtliche, die sich aus der moralischen und materiellen Zurechenbarkeit ergibt. Im geltenden italienischen Strafgesetzbuch, das die moralische Zurechenbarkeit auf die

[1]) S. Ferri: a. a. O., S. 486.

„Freiwilligkeit" beschränkt, bleibt diese aber doch immer noch notwendige Voraussetzung für die strafrechtliche Verantwortlichkeit. Mit dieser Anschauung soll nun gebrochen werden, muß nach allem vorher Gesagten logischerweise gebrochen werden. Denn wenn, wie wir sahen, der Richter nicht das Recht hat, die Schuld des Angeklagten abzuwägen, weil er dazu die „Allwissenheit Gottes". besitzen müßte, sondern wenn sein Beruf nur ist, die Gesellschaft durch Maßnahmen vor dem Verbrecher zu schützen, dann kann die moralische Verantwortlichkeit auch für die Frage nach der gesetzlichen Verantwortlichkeit keine Rolle mehr spielen. Ferri sagt in seinem Programmaufsatz bereits: „Es wird sich darum handeln, in den vom Gesetz bestimmten Grenzen die eine oder die andere Form der Sanktion anzuwenden. Aber der Verbrecher wird sich immer vor dem Gesetze ohne Rücksicht auf philosophische Doktrinen und religiöse Glaubenslehren verantworten müssen, nicht für die moralische Schuld, die er am Verbrechen hat, sondern wegen seiner Gefährlichkeit, die er damit an den Tag gelegt hat"[1]). Und die Denkschrift entwickelt logisch: „Sobald aus dem vom Staat ausgeübten ‚strafenden Amt' jedweder Anspruch auf Bemessung und Bestrafung der moralischen Schuld oder Verantwortlichkeit des Verbrechens ausgeschieden wird, . . . sobald der Staat als sein einziges, aus der Notwendigkeit des gesellschaftlichen Daseins fließendes Recht anerkennt, für den Schutz seiner rechtschaffenen Bürger gegen die Verbrecher zu sorgen, so hat das mit Notwendigkeit zur Folge, daß die gesetzliche Zurechenbarkeit unauflöslich mit der materiellen verbunden ist. Dies bedeutet, daß jeder Mensch, allein darum, weil er in der Gesellschaft lebt und daher die Vorteile, den Schutz und die Sicherungen des bürgerlichen Zusammenlebens genießt, der Gesellschaft für seine Handlungsweise verantwortlich ist . . ."[2]).

---

[1]) Ferri: a. a. O., S. 488.

[2]) Denkschrift, S. 191.

§ 31. Das Ende der „Unzurechnungsfähigkeit".

Es bedarf tatsächlich, um diesen Erwägungen zu folgen, einer gewissen Vergewaltigung unseres Gedankensystems. Wenn es uns bisher als selbstverständliche Pflicht der Menschlichkeit erschien, nur den Täter, der — im Regelfall — klaren und gesunden Sinnes die Tat beging, strafrechtlich zur Verantwortung zu ziehen, einen Menschen aber, der im Zustande der Geistesstörung, der Hypnose, des Deliriums, im hohen Fieber oder in der Trunkenheit sich gegen die Rechtsordnung verging, von vornherein aus der Menge der „Verantwortlichen" auszuscheiden und höchstens in besonders schwerwiegenden Fällen einer Irrenanstalt zu überweisen, — ist doch auch der deutsche Entwurf von 1919 noch ganz auf dem Schuldprinzip aufgebaut —, so lehrt uns nun der Entwurf, der sich im allgemeinen doch wirklich nicht durch Grausamkeit auszeichnet, daß alle diese „Unverantwortlichen" sich genau ebenso wie die „Verantwortlichen" wegen ihres Tuns vor Gericht zu stellen haben. Was mit ihnen dann geschieht, — das ist eine andere Frage. Der Entwurf, und darin kann man ihm sicher beistimmen, will mit dem Mißbrauch aufräumen, der jetzt mit der „Unzurechnungsfähigkeit" getrieben wird. Denn entweder gelingt es jetzt dem Angeklagten, bezw. seinem Verteidiger, wegen geistiger Unzurechnungsfähigkeit bei Begehung des Verbrechens einen Freispruch zu erwirken, z. B. weil Täter die Beamtenbeleidigung in „sinnloser Trunkenheit" begangen hat, dann betrinkt er sich bald darauf wieder und begeht neue Beleidigungen oder Tätlichkeiten wieder in „sinnloser Trunkenheit" und wird wieder freigesprochen, oder aber es handelt sich um Geisteskranke; diese sind, sofern Unzurechnungsfähigkeit bei ihnen festgestellt wird, gleichfalls freizusprechen und werden dann entweder von neuem auf die Menschheit losgelassen oder aber in eine Anstalt gesperrt, „die vielleicht einen anderen Namen hat: Irrenhaus statt Gefängnisanstalt, die aber ebenso wie die anderen Riegel und Eisengitter hat" [1]). Gegen diese

---

[1]) Ferri: a. a. O., S. 487.

letzte Möglichkeit der Abscheidung in geschlossene Irrenanstalten für geisteskranke Verbrecher würde auch der Entwurf nichts einzuwenden haben. Im Gegenteil operiert gerade er häufig mit dieser Sanktion, dem „manicomio criminale“ oder der „casa di costodia“; direkt gefährlich aber ist der bisherige Brauch in all den Fällen, wo eine Einsperrung ins Irrenhaus aus tatsächlichen oder rechtlichen Gründen nicht geboten erscheint, den Täter mit dem freisprechenden Urteile in der Brusttasche, gewissermaßen mit einer Blankovollmacht zur straflosen Begehung neuer Verbrechen aus dem Gerichtssaal zu entlassen. Der Entwurf will aus der gerichtlichen Auseinandersetzung jede Diskussion über moralische Verantwortlichkeit oder Nichtverantwortlichkeit des Beschuldigten ausgeschieden wissen und „diese einerseits auf eine technische Prüfung des Beweismaterials . . . und andernteils auf die Prüfung seiner individuellen und sozialen Verhältnisse zwecks Verwendung der seiner Persönlichkeit angemessenen Sanktion“ [1]) beschränken. Der Entwurf erhofft sich aus dieser Regelung einen ungleich wirksameren Gesellschaftsschutz; denn es wird dann nicht mehr die Masche der „Unzurechnungsfähigkeit“ geben, die bisher zum Freispruch führen **muß**, sondern der Schutz der Gesellschaft wird „in eigens dafür gebildeten Formen, auch gegenüber Verbrechern ausgeübt werden, die als Verrückte, Neuropathen oder sonstwie Anormale . . . deswegen nicht weniger gefährlich sind“ [2]).

§ 32. Gefährlichkeitsprinzip und Sanktionen.

Neben diese sehr wesentlichen Neuerungen, die die beiden ersten Titel des Entwurfs enthalten, treten im dritten Titel „Sanktionen“, die Bestimmungen über die Strafen selbst. Wir sehen, daß die Verfasser des Entwurfs es ablehnen, dem irdischen Richter ein Urteil über die „Schuld“ des Angeklagten zuzugestehen. Infolgedessen ist es notwendig, daß auch die Sanktionen „von jedem Anspruch, eine im Ver-

---

1) Denkschrift, S. 192.
2) Denkschrift, S. 192.

hältnis zur sittlichen Schuld stehende Sühne aufzuerlegen, sich freihalten müssen"[1]). Auch Art und Maß der Sanktion sieht der Italiener nur durch das Kriterium der Gefährlichkeit und des Gesellschaftsschutzes diktiert. „Die für die Urheber von Verbrechen festgesetzten Sanktionen dürfen daher sowohl in ihrem allgemeinen Zuschnitt wie in ihrer Haltung im einzelnen lediglich für den wirksamsten Schutz der Gesellschaft gegen die gefährlichen und für die schnellste und sicherste Wiederentlassung und Wiedernutzbarmachung der weniger gefährlichen, aber zahlreicheren Verbrecher Vorsorge treffen"[2]).

Wie ist das zu erreichen? Nach Ansicht der Verfasser des Entwurfes anders als bisher. Schwerwiegende Neuerungen schlägt hier der Entwurf vor: Absonderung auf unbestimmte Zeit, Aufhebung der Unterscheidung zwischen Strafen und sichernden Maßnahmen, größere Mannigfaltigkeit der Sanktionen, Abschaffung der Einzelzellenhaft am Tage.

§ 33. Die „Absonderung auf unbestimmte Zeit".

Die „Absonderung auf unbestimmte Zeit" ist einer der Hauptprogrammpunkte der Lehre Lombrosos und der anthropologisch-kriminalistischen Schule. Für den Arzt Lombroso war der Gedanke unerträglich, daß man vorher, vor Beginn der „Kur" bereits, dem „Kranken" den Zeitpunkt seiner „Heilung" auf Tag, Stunde und Minute genau angeben könne. So hat Ferri auf dem Internationalen Kongreß in Paris bereits im Jahre 1889 jemanden, der bestimmte Strafurteile für zweckmäßig hielt, mit einem Arzt verglichen, der sich ans Spitaltor stellt und einem Kranken sagt: „Ihr werdet 15 Tage im Spital bleiben." — „Aber wenn ich früher geheilt bin?" — „So werdet Ihr trotzdem 15 Tage darin bleiben." — „Und wenn ich nach 15 Tagen noch nicht geheilt bin?" — „Das ist gleichgültig, Ihr werdet trotzdem entlassen werden"[3]).

---

[1]) Denkschrift, S. 192.
[2]) Denkschrift, S. 193.
[3]) Ferri: a. a. O., S. 489.

Ferri weist darauf hin, daß der Richter ja auch jetzt nicht die Gewißheit hat, ob der Täter, den er zu 20 Jahren Zuchthaus verurteilt, wirklich die 20 Jahre auch absitzt. Denn vom Augenblicke des Urteilsspruches an ist dem Richter heute ja jede Einwirkung auf den Strafvollzug entzogen, und wir haben gerade jetzt genug solcher Beispiele, wo Einzelbegnadigungen oder gar alles über einen Kamm scherende Amnestien das vom Richter gewissenhaft ersonnene und der Individualität von Täter und Tat möglichst angepaßte Strafmaß willkürlich zerstören. Aber ganz abgesehen davon — das muß immer wieder betont werden —, hat ja nach dem Gedankensystem des Entwurfs „jeder Anspruch auf genaue Bestimmung einer der Schuld proportional entsprechenden Sühne" außer acht zu bleiben, vielmehr kann es sich nur darum handeln, die Gesellschaft durch Absonderung des verbrecherischen Individuums zu schützen, bis der Verurteilte wieder für ein Leben in Freiheit tauglich und mithin nicht mehr „gefährlich" erscheint. Daß dieser Zeitpunkt nicht vorher bestimmt werden kann, ist selbstverständlich; denn er hängt im wesentlichen vom Charakter des Sträflings ab. Nur die Höchstdauer der im einzelnen Fall zulässigen Absonderung kann und muß zum Schutze des Verurteilten angegeben werden, außer in den wenigen schwersten Fällen der Absonderung auf absolut unbestimmte Zeit.

§ 34. Aufhebung der Unterscheidung zwischen „Strafen" und „sichernden Maßnahmen".

Während im bisherigen italienischen Gesetzbuche und im deutschen Strafgesetze den „Maßnahmen" überhaupt kein Platz eingeräumt ist — im deutschen Strafgesetzbuch käme höchstens die „Vorläufige Entlassung" in Frage —, hat bereits der deutsche Entwurf den „Maßregeln der Besserung und Sicherung" einen eigenen Abschnitt gewidmet. Immer noch unterscheidet aber auch der deutsche Entwurf scharf die „Maßregeln" von den „Strafen", entzieht nur die „Maßregeln" der Kompetenz der Verwaltungsbehörde und weist sie nun dem erkennenden Richter zu. Trotzdem bleiben alle diese Maßnahmen: die Verwahrung bei fehlender oder verminderter Zurechnungsfähigkeit, das Wirtshausverbot, die Trinkerheilanstalt, das Arbeitshaus usf., „Maßregeln" und werden durch ihre Eingruppierung in das Strafgesetzbuch noch nicht zu Strafen. Anders der italienische Entwurf. Er, der den Begriff „Strafe" überhaupt nicht mehr kennt — denn in ihr liegt notwendig die Bejahung einer moralischen Schuld des zu Bestrafenden, während doch die italienischen Gesetzgeber gerade von der Beurteilung der moralischen Schuld durch den Richter nichts wissen wollen —, für den italienischen Entwurf kann es auch keinen Unterschied mehr geben zwischen „Strafe" und sogenannter „sichernder Maßnahme". Alles, was der italienische Entwurf androht, selbst die schwersten Fälle, selbst da, wo er sich zur „segregazione rigorosa perpetua", dem „lebenslänglichen Zuchthaus", entschließt, will er, wenn nicht als bessernde, so doch als sichernde Maßnahme angesehen wissen. „Bei Ausschluß jedweden Anspruchs auf Vergeltung einer sittlichen Schuld im Verbrechen," sagt die Denkschrift, haben „die sichernden Maßnahmen dieselbe Funktion und Natur wie die Strafen"[1]. Darum wird hier ganz von selbst jeder Unterschied zwischen Strafe und sichernder Maßnahme aufgehoben.

§ 35. „Größere Mannigfaltigkeit der Sanktionen!"

Eines der angreifbarsten Gebiete des Entwurfs ist der Gedanke, der unter dem Schlagwort „Größere Mannigfaltigkeit der Sanktionen" zusammengefaßt wird. Wir werden uns später noch mit den Einwänden zu beschäftigen haben, die man gegen eine Übertreibung dieser Forderung erheben kann und erhoben hat, hier soll nur der Grundgedanke, von dem der Entwurf ausgeht, dargelegt werden. Der Verbrecher an Stelle des Verbrechens! war der Kampfruf der neuen Richtung in Italien wie in Deutschland gewesen. Im italienischen Entwurf ist dann, wie wir sahen, „der Angelpunkt vom

[1]) Denkschrift, S. 194.

Verbrechen auf den Verbrecher übertragen“. Der Verbrecher steht im Mittelpunkt des legislativen Interesses, eine Fülle von Verbrecherkategorien wird aufgestellt, vor denen durch die Sanktion gesichert, die durch die Sanktion wieder angepaßt und gebessert werden soll. Da kein Verbrecher dem anderen gleicht, da auf jeden mittels der Sanktion anders eingewirkt werden muß, will man das Ziel der Wiedereignung zum Leben in Freiheit erreichen, so müßte logischerweise überhaupt für jeden Täter und jede seiner Taten eine eigene, von jeder anderen sich unterscheidende Sanktion vorhanden sein. Dies ist praktisch natürlich unerreichbar. Erreichbar ist nur, durch eine große Mannigfaltigkeit der Sanktionen diese der Eigenart der einzelnen Verbrecherk*ategorien* anzupassen „je nach ihren persönlichen Verhältnissen und der verschiedenen Gefährlichkeit von Erwachsenen oder Minderjährigen, der Urheber von gemeiner oder politisch-sozialen Verbrechen, der Verbrecher aus angeborenem Hang oder Leidenschaft, auf Grund von Geisteskrankheit, Gewohnheit oder gelegentlichem Anreiz“[1]). Das geltende italienische Strafgesetzbuch steht auf dem entgegengesetzten Standpunkte. Es erstrebt vielmehr Vereinheitlichung der Strafen, um dadurch Klarheit zu schaffen und die Willkür des Richters zu beschränken.

Selbstverständlich ist bei der ganzen Tendenz des Entwurfs, daß er sich entschieden gegen die kurze Freiheitsstrafe wendet. Während der Ministerialbericht für das geltende italienische Strafgesetzbuch sich für „kurze, aber empfindliche Strafen“ einsetzte, glaubten die Verfasser des Entwurfs, und hierin gehen sie wohl mit der großen Mehrzahl aller Kriminalisten der Jetztzeit einig, daß durch allzu viele kurze Freiheitsstrafen nur geschadet werden kann; denn die Berührung mit der „Hochschule für Verbrecher“ macht zwar auf Erstbestrafte meist einen starken Eindruck, da aber bei geringfügigen Delikten, um die es sich hier nur handeln kann, regelmäßig das Bewußtsein einer Schuld beim Täter fehlt, kann durch den Vollzug einer kurzen Freiheits-

---

[1]) Denkschrift, S. 195.

strafe weder das Ziel der „Besserung" noch das der „Anpassung" erreicht werden. Wiederholt sich aber bei demselben Täter öfters die kurze Freiheitsstrafe, so wird er bald dagegen abgestumpft und sieht sie, wenn nicht als kosten- oder sorgenlose Ruhezeit im Kampfe des Daseins, so doch höchstens als bedauerliche Folgeerscheinung eines Tuns an, das er, zu ungeschickt oder zu unerfahren, nicht klug genug bewerkstelligt hat. „Den Täter eines leichten und ungefährlichen Verbrechens für fünf, zehn oder fünfzehn Tage in den Kerker stecken, heißt so viel, wie ihn in einen Patentofen für die Zucht von Kriminalmikroben stecken"[1]), sagt Ferri in seinem Programmaufsatz. An Stelle der kurzzeitigen Freiheitsstrafe hat zu treten: Freispruch, Verweis, Geldstrafe und, was die Italiener besonders betonen, Auferlegung der Verpflichtung, den durch das Verbrechen geschaffenen Schaden zu ersetzen.

§ 36. Der Vollzug der Sanktionen.

Dasjenige Gebiet des Entwurfs, wo ich am deutlichsten die Stimme Ferris herauszuhören glaube, sind die Stellen, die Reformvorschläge für den Strafvollzug, besser, „Sanktionsvollzug" enthalten. Hier ist der fruchtbarste Boden für Ferri, Milde und Menschlichkeit in der Behandlung der Verbrecher mit kluger Zweckmäßigkeit — Zweckmäßigkeit im Sinne des Verbrechers und des Staates — zu vereinen und überdies spezifisch italienische Landeseigentümlichkeiten praktisch zu verwerten. Klarer und schöner als Ferri es getan hat, kann man das, was der Entwurf hier will, kaum aussprechen: „Ich glaube, daß die Form der Kerkerhaft, welche für unser Land vorzuziehen wäre, die landwirtschaftliche Kolonie ist, welche auch das Vorhandensein von Arbeitshäusern für die mit der Landwirtschaft im Zusammenhang stehenden Industrien nicht ausschließt. Unser Land wurde immer das Land der Sonne genannt, und ich finde es daher absurd, daß man im Lande der Sonne Kerker mit Zellen konstruiert, um darin Menschenleben zu begraben,

---

1) Ferri: a. a. O., S. 491.

die dann verwildert und vertiert daraus hervorgehen, es ist leicht zu verstehen, daß die Länder des Nordens an das Zellensystem gedacht haben, es ist eine Folge ihres Klimas. Die Einzelabsonderung wird nur in der Nacht aus natürlichen Gründen obligatorisch sein, aber bei Tage gibt es nur eine Hygiene für alle Verbrecher, ob Irrsinnige oder nicht, ob gefährlich oder nicht, und diese Hygiene ist die der Arbeit in der freien Luft. Arbeitshäuser, landwirtschaftliche Kolonien, Gefängnisanstalten für die gefährlichen Verbrecher, besondere Anstalten für Alkoholiker, für Irrsinnige, für Neuropathen usw., alle werden die Arbeit zur täglichen Norm haben"[1]). Produktive Arbeit in den Gefängnissen bezw. Arbeitshäusern und Kolonien wird also geplant und sieht der Entwurf in weitestem Maße vor. In Deutschland und auch in Italien gibt es bereits Zuchthäuser, die Fabriken ähneln, aber in den Gefängnissen scheint doch noch reichlich unproduktive Arbeit wie Tütenkleben, Mattenflechten u. a. zu überwiegen, was schneller und besser die Maschine leisten kann. Als Grund dafür wird immer angegeben, daß der Industrie und den freien Arbeitern durch die wegen des Lohnwegfalls viel billigere Herstellungsmöglichkeit der Waren in den Strafanstalten keine Konkurrenz gemacht werden darf. Hiergegen gibt der Entwurf ein äußerst einfaches Mittel, nämlich, den der Freiheit beraubten Arbeitern dieselben Löhne zu zahlen wie den freien Arbeitern. Dann hört mit einem Schlage jede Konkurrenzgefahr auf; denn ob der Arbeiter im Gefängnis oder in der Freiheit zum gleichen Lohne in gleicher Zeit gleiche Arbeit leistet, bleibt sich im Endergebnis gleich, der Lohn aber wird teils zum Ausgleich des Schadens der verletzten Partei, teils zur Unterstützung der Angehörigen des Verurteilten, teils zu Ersparnissen für den Täter für die Zeit nach seiner Entlassung oder nach anderem Vorschlag zur Entschädigung des Staates für seine Unkosten zu verwenden sein.

Auch der italienische Entwurf beseitigt die Einzelhaft nicht schlechtweg, sondern begrenzt sie nur nach oben,

[1]) Ferri: a. a. O., S. 488 f.

und zwar stellt er als Höchstdauer auf bei Gefängnis drei, bei zeitlichem Zuchthaus 6, bei lebenslänglichem Zuchthaus 12 Monate. In allen Fällen will überdies der Entwurf dem Verurteilten das Recht zubilligen, nach Verbüßung eines Teils der ganzen Strafe Enthebung vom Rest der Strafe verlangen zu dürfen und zwar nicht wie bisher bei uns durch verwaltungsmäßigen Gnadenakt; nach dem Entwurf hat vielmehr ein tatsächlicher jurisdiktioneller Akt stattzufinden. „Die Gefängnisdirektion wird angeben, ob sich der Sträfling gebessert hat oder nicht, ob er für das freie Leben wieder geeignet ist oder nicht. Der Richter muß den Staatsanwalt, den Verteidiger des Verurteilten und den Vertreter des geschädigten Teils anhören, Erinnerungen und Tatsachen werden vorliegen können, die zeigen können, ob das Individuum vom Rest der Strafe enthoben werden kann oder nicht“[1]).

§ 37. Die Stellung des Richters.

Eine große Erweiterung der Machtbefugnisse des Richters zeichnet den ganzen italienischen Entwurf ebenso wie den deutschen aus. Wie der Angelpunkt des Strafgesetzes vom Verbrechen auf den Verbrecher übertragen wird, so könnte man sagen, wird der Angelpunkt des Strafvollzugs von der Verwaltungsbehörde auf den Richter übertragen. Je mehr der Verbrecher in die erste Linie tritt, desto wichtiger wird auch die Tätigkeit des Richters, während die Wirkungsmöglichkeit des Gesetzes notwendigerweise zurücktreten, fast bis zur reinen Blankettgesetzgebung zurücktreten muß. Der Richter hat den Verbrecher vor sich, gerade diesen individuellen Verbrecher, andererseits steht ihm die Fülle der Sanktionsarten und Abstufungen zu Gebote. Sein Amt ist, beides in möglichst vollkommener Weise einander anzupassen, d. h. die jeweils geeignetsten Sanktionsarten für den Verbrecher herauszufinden.

Hierin liegt naturgemäß für den Angeklagten eine große Gefahr, der sich auch Ferri nicht verschließt: „Die Strafjustiz muß fortschreiten, aber wir können nicht zugeben,

---

[1]) Ferri: a. a. O., S. 492.

daß die Fortschritte der Strafjustiz mit der Hintansetzung der individuellen Garantien und Rechte, die von der modernen Zivilisation unwiderruflich realisiert worden sind, verbunden seien"[1]). Die Garantien glaubt Ferri in einer immer besseren und umfassenderen Ausbildung der Richter zu finden. Zivil- und Strafrichter sind nach seinem Plan von Anfang an streng zu scheiden. „Es ist absurd, von einem Richter die Enzyklopädie des Rechts zu verlangen"[2]). Die Studien des Strafrichters sind statt dessen auszudehnen auf Anthropologie, Psychologie, Kriminalsoziologie, Statistik, Gerichtsmedizin usf. Richterliche Unabhängigkeit ist zu garantieren. Was Ferri unter „wechselseitiger Verantwortlichkeit" verstanden wissen will, die er gleichfalls für eine der Garantien guter Rechtsprechungen hält, erscheint nicht ganz klar, vermutlich eine Kontrolle der Richter untereinander; ich glaube, daß auf „innere Verantwortlichkeit" mehr Gewicht zu legen wäre, als auf „wechselseitige Verantwortlichkeit".

Diese letzten Gedanken über Rekrutierung des richterlichen Nachwuchses bilden, wenn sie auch nicht unmittelbar im Entwurfe „verankert" sind, trotzdem eine sehr wesentliche Voraussetzung für die Verwirklichung der Grundgedanken des Entwurfs und der umfassenden Neuerungen, die sie enthalten.

VII. Abschnitt.

Die wesentlichen Neuerungen des italienischen Entwurfs.

Nachdem wir die Grundprinzipien, die den italienischen Entwurf beherrschen, haben an uns vorüberziehen lassen, erscheint es geboten, ihn in Kürze auf seine Einzelheiten hin durchzugehen und die Art der Durchführung der eben dargelegten Grundgedanken ins Auge zu fassen.

---

[1]) Ferri: a. a. O., S. 492.
[2]) Ferri: a. a. O., S. 491.

§ 38. Einleitende Bestimmungen.

Schon der 1. Artikel der einleitenden Bestimmungen gibt dem Grundgedanken des Entwurfs, daß es keine „Strafe" im bisherigen Sinne mehr geben soll, Ausdruck, indem man die Worte „Strafe" und „bestraft" bei Aufstellung des Grundsatzes: „nulla poena sine praedia lege poenali" durch „verurteilt" und „Sanktionen" ersetzt, „um bei den Maßnahmen zum Gesellschaftsschutz jede Beziehung auf den Begriff einer Sühne zu beseitigen"[1]).

Die rückwirkende Kraft des dem Beschuldigten günstigeren Gesetzes wird beibehalten, jedoch nur für den Regelfall, eine Ausnahme wird genannt für gewohnheitsmäßige, geistesschwache und minderjährige Verbrecher.

Die räumliche Geltung der Strafgesetze wird in den Art. 2—8 geregelt. Der Entwurf steht hier grundsätzlich auf dem Boden des Territorialprinzips und schließt sich im wesentlichen den Bestimmungen des geltenden Strafgesetzbuches an[2]). Immerhin werden einige Änderungen getroffen, so fällt die in Art. 4 des Strafgesetzbuches festgesetzte Herabminderung der Strafe für von einem Inländer im Ausland begangene Verbrechen weg, da „kein Grund dafür besteht, einen Verbrecher auf den alleinigen Umstand hin, daß er das Verbrechen außerhalb der Landesgrenzen begangen hat, für weniger gefährlich zu erachten"[3]), wobei als Reichsgebiet für Italien nicht allein das Gebiet innerhalb der politischen Grenzen des Königreichs Italien, sondern auch die Kolonien und die übrigen der Staatshoheit unterworfenen Gebiete zu verstehen sind. Der im Auslande bereits abgeurteilte und freigesprochene Beschuldigte kann in Italien auf Antrag des Justizministers ab-

---

[1]) Denkschrift, S. 199.

[2]) Bei den häufig notwendigen Vergleichen zwischen dem „Entwurf zu einem italienischen Strafgesetzbuch" und dem geltenden italienischen Strafgesetzbuch erscheint es dienlich, i. f. von „Entwurf" und „Strafgesetzbuch" zu sprechen.

[3]) Denkschrift, S. 200.

geurteilt werden, wenn seine Tat zum Schaden des Heimatstaates oder eines Inländers begangen war. Ist ein Verbrechen von einem Inländer im Auslande begangen, so ist seine Bestrafung an sich Sache d e s Landes, in dessen Staatsgebiet die Tat begangen ist. Das Inland geht nur dann vor, wenn das Ausland für das Verbrechen keine Bestrafung kennt, u n d wenn es sich um eine Tat zum Nachteile des Heimatlandes handelt. Denn die Begründung führt mit Recht an, daß jeder Mensch die Möglichkeit haben muß, Handlungen, die nicht von dem Gesetz seines Aufenthaltsortes verboten sind, straflos zu begehen. Die Ausnahmebestimmung wird allein durch die Sicherheit und das Ansehen des Staates gerechtfertigt.

Bei der Regelung der A u s l i e f e r u n g geht man natürlich wie bisher von dem Grundsatze aus, daß die Auslieferung eines Ausländers wegen politisch-sozialer und damit in Zusammenhang stehender Verbrechen immer unzulässig ist. Was politisch-soziale Verbrechen sind, wird in Art. 13 gesagt: „Politisch-soziale Verbrechen sind die ausschließlich aus politischen Beweggründen oder im Interesse der Gesellschaft begangenen Verbrechen," wobei „ausschließlich" in dem Sinne zu verstehen ist, daß die die Tat bestimmenden, ausschlaggebenden Motive politischer und sozialer, also altruistischer Natur sein müssen. Die Auslieferung von Inländern an einen fremden Staat ist selbstverständlich immer unzulässig. Somit bleibt nur die Regelung der Auslieferung ausländischer gemeiner Verbrecher. Hier bringt der Entwurf eine wesentliche Neuerung. Während jetzt die R e g i e r u n g die Möglichkeit hat, die Auslieferung eines Ausländers zu verweigern, auch wenn das G e r i c h t sich für die Auslieferung ausgesprochen hat, so wird nach dem Entwurfe übereinstimmender Beschluß von Gericht u n d Regierung auch zur Verweigerung der Auslieferung gefordert. Die Vermittlung der Regierung hält der Entwurf wegen der Beziehungen zu den auswärtigen Staaten stets von nöten. Diesem Gedanken wird beizustimmen sein; denn der einzelne Richter in der Provinz kann weniger als die Regierungszentrale, wo alle Fäden zusammenlaufen, beurteilen, ob in diesem oder jenem Falle eine Auslieferung an das Ausland geboten erscheint oder nicht.

I. Titel.

§ 39. Das Verbrechen.

a) Gesetzliche Begriffsbestimmung des Verbrechens.

Der I. Titel des Entwurfs, überschrieben „Das Verbrechen", hebt mit einer Definition des Verbrechens an, wie die Denkschrift sagt, einer Definition in „elliptischer Form". Es heißt in Art. 11: „Verbrechen ist jede Tat, für welche eine der Sanktionen dieses Gesetzbuches bestimmt ist." Diese Definition, die sich von allen philosophischen Deutungsversuchen fern hält, will lediglich „die praktische Konsequenz der Sanktionen" ausdrücken. An sich definieren die Positivisten im Anschluß an Berenini das Verbrechen als „eine Handlung, die von individuellen antisozialen Beweggründen bestimmt ist, welche den Lebensbedingungen der Durchschnittsmoral eines Volkes in einem gegebenen Zeitpunkte widersprechen"[1]). Um die Unsicherheit der Rechtswissenschaft darüber, ob eine Tat ein Verbrechen oder ein Vergehen ist, ein Ende zu machen, bestimmt Art. 11/2, daß Verbrechen ferner jede in Sondergesetzen aufgeführte Tat ist, „welche den Sanktionen der einfachen oder verschärften Absonderung oder der Bürgschaft für gute Führung oder der Aberkennung der bürgerlichen Ehrenrechte unterworfen ist". Es sind also die von Sondergesetzen verbotenen Handlungen dann „Übertretungen", wenn der Täter anderen als diesen in Art. 11/2 aufgezählten Sanktionen unterworfen ist.

b) Vorsätzliches Verbrechen und fahrlässiges Verbrechen.

Die traditionelle Unterscheidung zwischen vorsätzlichem und fahrlässigem Verbrechen bleibt belassen, und zwar fällt

---

[1]) Berenini in: „Offese e difese", Parma 18. 6. 1886, S. 79; deutsches Zitat: Denkschrift, S. 203.

die vorsätzliche Handlung immer unter das Strafgesetz, die fahrlässige nur, wenn es ausdrücklich bestimmt ist. Die „nicht absichtliche“, also fahrlässige Tat wird vom Gesetz definiert, als Fälle, wo „der Schaden oder die Gefahr durch Nichtbeachtung der besonderen Pflichten des Täters oder durch Nichtbeachtung von Verfügungen, Verordnungen und Vorschriften nach der gewöhnlichen Erfahrung und der gewöhnlichen Handlungsweise unter Berücksichtigung der gesellschaftlichen Stellung des Täters aus Unerfahrenheit, Unachtsamkeit, Nachlässigkeit oder mangelnder Voraussicht verursacht worden ist“ (Art. 12). Die Denkschrift hebt auch hier hervor, daß für das geltende Gesetzbuch, welches „das ganze seelische Element des Verbrechens auf die bewußte Freiwilligkeit beschränkt“[1]), eigentlich eine logische und juristische Rechtfertigung der Bestrafung des fahrlässigen Verbrechens nicht möglich ist, besonders dann, wenn das fahrlässige Verbrechen in einer unfreiwilligen Unterlassung besteht. Trotzdem mußte man dieser logischen Schlußfolgerung bisher aus dem Wege gehen, da der Gesellschaftsschutz gerade in der modernen Zivilisation eine Bestrafung der häufigen Fahrlässigkeitsdelikte dringend gebietet. So kommt der Entwurf zu dem Grundsatze, daß eine Tat, um ein Verbrechen zu sein, entweder „von verbrecherischer Absicht oder von der Außerachtlassung jenes Mindestmaßes von gesellschaftlicher Disziplin, die das bürgerliche Zusammenleben erfordert, bestimmt gewesen sein muß“[2]). Im Gegensatz zum Strafgesetzbuch beschränkt also der Entwurf das seelische Element beim Verbrechen nicht auf die einfache Freiwilligkeit, sondern weist ihm ein viel weiteres Bereich zu, nämlich „Vorbedingung zu sein für die juristische Existenz des Verbrechens und als Anzeichen zu dienen für eine mehr oder minder antisoziale und gefährliche Persönlichkeit beim Urheber der Tat“[3]). Das seelische Moment beim vorsätzlichen Verbrechen zerfällt nach den Ausführungen der Denkschrift in Wille, Absicht und Zweck.

---

[1]) Denkschrift, S. 207.
[2]) Denkschrift, S. 205.
[3]) Denkschrift, S. 207.

„Der Wille besteht aus der Endphase des psychologisch-physiologischen Vorganges, durch den der Mensch ... dahin gelangt, eine auf eine Veränderung der äußeren Umwelt abzielende Muskelbewegung zu wollen“ [1]). In einem solchen Falle ist die Handlung freiwillig. Zu dieser einfachen Freiwilligkeit muß nun die Absicht hinzutreten als seelisches Moment, das die einfache freiwillige Handlung juristisch als Verbrechen qualifiziert. Es muß aber wieder noch untersucht werden, von welchem Zweck die Freiwilligkeit und die Absichtlichkeit der ausgeführten Handlung begleitet war. „Der Zweck macht ... das bestimmende Motiv aus, und darum bilden die zum Verbrechen bestimmenden Motive auch das Grundkriterium einer größeren oder geringeren Gefährlichkeit bei den verschiedenen Urhebern einer und derselben Form des Verbrechens“ [2]). Also endet auch dieser in der Denkschrift keineswegs klare und weit ausgesponnene Gedankengang über die psychologische Analysierung des Verbrechens beim Kriterium der Gefährlichkeit.

c) Aberratio delicti.

„Aberratio delicti“ oder — wie wir sagen würden — „error in persona“ und „aberratio ictus“ werden insoweit übernommen, wie der Urheber nicht für die erschwerenden Umstände verantwortlich gemacht wird, die in der Eigenschaft des Angegriffenen bedingt sind. Es werden aber — und das ist neu — „als Einwirkungen auf die Sanktion alle subjektiven Umstände, ... auch die erschwerenden sowie die der Person, gegen die die Handlung gerichtet war, anhaftenden (Blutsverwandtschaft!) gewürdigt“ [3]). Denn der Entwurf geht auch hier von dem Gedanken aus, daß die Tat doch immer das Anzeichen für die größere oder geringere Gefährlichkeit des Verbrechers bildet, gleichgültig, ob nun „der Vatermörder“ durch Zufall nicht seinen Vater, sondern einen Dritten tötet.

---

[1]) Denkschrift, S. 210.
[2]) Denkschrift, S. 211.
[3]) Denkschrift, S. 215.

d) Versuch.

Bei der Regelung des Versuchs folgt der Entwurf weder der im Strafgesetzbuch befolgten „objektiven Theorie“, wonach ein Verbrechen stets dann „nicht beendet“ ist, wenn sein Ausgang trotz Vorsatz des Täters nicht die juristische Erfüllung erreicht hat, noch legt er, wie es die in Deutschland vor allem befolgte „subjektive Theorie“ tut, auf den Willen, auf die Absicht des Täters das entscheidende Gewicht. Da der Entwurf auch hier von dem Kriterium der Gefährlichkeit sein Recht, zu strafen, ableitet, so ist es nach Ansicht der Denkschrift „logisch, wenn man den Versuch bereits eine vollkommen ausreichende, konkrete Bekundung der antisozialen Persönlichkeit des Urhebers nennt“[1]. „Der Versuch zum Verbrechen macht das Minimum der antisozialen Tätigkeit aus, das erforderlich ist, um das Räderwerk der Strafjustiz in Bewegung zu setzen“[2], wobei das Maß der Schutzsanktion von der objektiv begangenen Tat und der durch sie bekundeten größeren oder geringeren persönlichen Gefährlichkeit abhängt. Der Entwurf nimmt also davon Abstand, von vornherein das „versuchte“ vom „unfreiwillig mißlungenen“ Verbrechen zu unterscheiden, sondern überläßt dem Gericht im Einzelfalle die Bewertung, und zwar kann dies den unfreiwillig mißlungenen Versuch genau wie das vollendete Verbrechen bestrafen, wenn dies durch die Umstände gerechtfertigt erscheint, es kann aber auch bei augenscheinlicher geringerer Gefährlichkeit des Täters oder Untauglichkeit des Versuchs die Strafe bis zur Begnadigung mildern, ausgenommen solche Verbrechen, bei denen dauernde Absonderung als Sanktion vorgesehen ist. Freiwilliger Rücktritt vom Versuch macht den Täter straffrei, sofern nicht das bereits Getane sich als Verbrechen oder Übertretung darstellt.

e) Teilnahme.

Auch auf dem Gebiete der Teilnahme findet der Entwurf eine neue, vielleicht nicht ganz einwandfreie Lösung.

[1]) Denkschrift, S. 217.
[2]) Denkschrift, S. 217.

Der Entwurf sieht im Gegensatz zum Strafgesetzbuch, das die verschiedenen Teilnahmeformen analytisch beschreibt, eine synthetische Bestimmung vor, die sowohl die psychologische (Anstiftung, Rat) als die materielle (Mittäter, Gehilfe) Teilnahmemöglichkeit erfaßt. Darum finden wir in Art. 19 die Bestimmung, daß, „wer immer als Urheber, Miturheber oder Gehilfe durch Rat oder Tat in irgend einer Weise zu einem Verbrechen beiträgt . . .“, der für dieses Verbrechen bestimmten Sanktion zu unterwerfen ist. Das Verbrechen wird hier also als einheitliche und gemeinsame Handlung angesehen. Aus der Art der Mitwirkung am Verbrechen zieht aber der Entwurf dann seine Schlüsse für die größere oder geringere Gefährlichkeit des einzelnen Täters und spezialisiert diese allgemeine Norm durch Art. 21, 22, wo die Umstände größerer oder geringerer Gefährlichkeit aufgezählt sind. Der gleiche Art. 17 regelt auch die Fälle der angenommenen, aber nicht ausgeführten Anstiftung sowie der überhaupt nicht angenommenen Anstiftung, indem er die Bestimmungen über den Versuch dafür vorschreibt, wobei natürlich gleichfalls eine Abstufung je nach der Gefährlichkeit des Verbrechers stattzufinden hat.

Damit wäre der erste Titel, der vom „Verbrechen“ handelt, abgeschlossen. „Die Entdeckung des Verbrechens ist der Ausgangspunkt, das Urteil und seine Vollstreckung bilden Zielpunkt“ [1]), sagt die Denkschrift. Darum schreitet der Entwurf in seiner äußeren Einteilung vom „Verbrechen“ über den „Verbrecher“ zu den „Sanktionen“ vor.

II. Titel.

§ 40. Verantwortlichkeit.

Das erste Kapitel des II. Titels handelt von der Verantwortlichkeit, und zwar wird die grundlegende Bestimmung gleich vorangestellt. „Die Urheber und Teilnehmer eines Verbrechens sind dafür stets vor dem Gesetz verantwortlich, ausgenommen die Fälle, in denen die Tat

---

1) Denkschrift, S. 224.

berechtigt war" (Art. 18). Gerade dieser Gedanke ist in dem vorhergehenden Abschnitte dieser Arbeit ausführlich behandelt worden. Dort ergab sich der in der Denkschrift ausgesprochene Grundsatz, daß der Entwurf „nur den letzten logischen Schritt" tut, „indem er der Strafjustiz jeden im übrigen gar nicht in die Tat umsetzbaren Anspruch auf Bemessung der Schuld des Verbrechers fernhält und ihr lediglich eine Funktion des Gesellschaftsschutzes entsprechend der Gefährlichkeit des Verbrechers zuweist"[1]). Es entspricht tatsächlich nicht dem Gedankensystem des Entwurfs, daß, wenn einmal durch ein Verbrechen die Gefährlichkeit des Verbrechers sichtbar geworden ist, der Schutz der Gesellschaft nur deshalb nicht eintreten soll, weil irgendwelche theoretischen Grundsätze der Zurechenbarkeit dem entgegenstehen. Im Gesetz werden die Fälle aufgezählt, in denen ausnahmsweise die Tat „berechtigt" war, entweder weil im positiven Sinne „secundum ius" oder in negativem Sinne „non contra ius"" begangen. Als Fälle der berechtigten Tat werden unwiderstehlicher Zwang, pathologische Suggestion und voller, auf einer nicht zu durchschauenden Täuschung beruhender guter Glaube angesehen, ferner Irrtum im Sinne der Unkenntnis des Gesetzes, wenn sie resultiert aus höherer Gewalt, materiellem Rechtsirrtum oder einer nicht auf Nachlässigkeit beruhenden Handlung, sodann rechtmäßige Anordnung, Notwehr und endlich Notstand. Bei der Regelung des Irrtums geht der Entwurf davon aus, daß es in unserer Zeit für den Staatsbürger schlechterdings unmöglich ist, alle Strafgesetze eines Landes zu kennen.

§ 41. Gefährlichkeit.

Im folgenden Kapitel, vielleicht dem angreifbarsten des ganzen Entwurfs, werden Einzelnormen über die Bewertung der Gefährlichkeit aufgestellt, „zur Sicherung sowohl der Rechte des Angeklagten wie der Rechte der Gesellschaft"[2]). Die Bewertung der Gefährlichkeit hat nach der Denkschrift „den Angelpunkt einer von dem Sinn für

[1]) Denkschrift, S. 229.
[2]) Denkschrift, S. 235.

das wirkliche Leben des Einzelmenschen und der Gesellschaft durchdrungenen Strafjustiz zu bilden"[1]). Daß der Richter durch den Entwurf eine ungeheuer freiere Stellung als bisher erhält, ist oben bereits dargetan; denn neben der objektiven Prüfung des Verbrechens und der zahlenmäßigen Bestimmung der Strafe tritt nun noch das ganze Gebiet der sozialen und juristischen Würdigung der Gefährlichkeit des Verbrechers hinzu. Um diese Machtbefugnis des Richters nicht ins Ungemessene anwachsen zu lassen und damit die Rechtssicherheit allzu sehr zu gefährden, gibt der Entwurf in Art. 22 und 23 einen allerdings allzu kasuistischen, beinahe mittelalterlich anmutenden Katalog der Anzeichen größerer oder geringerer Gefährlichkeit, von denen als besonders seltsam hier nur angeführt seien: „Mißbrauch von Bedingungen persönlicher Unterlegenheit in der Person des Verletzten oder von ihm ungünstigen Umständen" (Art. 21/14) als Umstand größerer Gefährlichkeit und „Handeln infolge der seelischen Einwirkung durch eine erregte Menge" (Art. 21/16) als Umstand geringerer Gefährlichkeit. Eine Kritik dieser Regelung als Ganzes wird später zu erfolgen haben.

§ 42. Rückfällige und Gewohnheitsverbrecher.

Im dritten und vierten Kapitel des Entwurfs werden die für mehrere Verbrechen verantwortlichen und die Rückfälligen von den eigentlichen Gewohnheitsverbrechern unterschieden. Der Entwurf schlägt bei Ideal- und Realkonkurrenz sowie bei Rückfall nicht den Weg der materiellen Häufung ein, da dem häufig „die materielle Unmöglichkeit der praktischen Vollstreckung entgegensteht"[2]). Aber auch zum reinen Absorptionsprinzip ebensowenig wie zum Prinzip der „juristischen Häufung" kann sich der Entwurf entschließen, da nach Ansicht der Denkschrift bei erstem die geringen Verbrechen bei Auswerfung der Strafe völlig unter den Tisch fallen, bei letztem aber die Verbrecher, die ihr Handwerk en gros betreiben, durch eine

---

1) Denkschrift, S 235.
2) Denkschrift, S. 251.

Art Rabattgewährung am besten wegkommen. Der Entwurf ersetzt in Art. 23 diese „rein arithmetischen Normen" durch die Bestimmung, daß bei Konkurrenz eine Sanktion angewendet wird, „die aus der Zugrundelegung der für das schwerste Verbrechen bestimmten Sanktionen folgt unter Hinzufügung einer Schärfung nach Art und Maß, die aus der Bewertung der übrigen Verbrechen als Umstände einer mehr oder minder ungewöhnlich schweren größeren Gefährlichkeit gemäß Art. 75 hervorgeht"[1]). Art. 75 ist der allgemeine Artikel, der Richtlinien für die Sanktionszumessung beim Vorliegen von Umständen größerer Gefährlichkeit gibt.

Bei Rückfall genügt nach dem Entwurf eine Vortat. Man unterscheidet hier etwas umständlich: erfordert das neue Verbrechen eine andere Sanktion als Absonderung, so sind die gewöhnlichen Sanktionen mit einem auf die Hälfte des gewöhnlichen Sanktionsrahmens heraufgeschobenen Mindestmaß anzuwenden; erfordert das neue Verbrechen dagegen einfache oder strenge Absonderung, dann ist das Mindestmaß um ein Drittel des gesamten Strafrahmens zu erhöhen. Der Entwurf geht dabei von dem Gedanken aus, daß jedes Zurückfallen in Verbrechen immer ein Anzeichen größerer Gefährlichkeit ist. Sache des Gerichts ist es, im Einzelfall zu prüfen, ob der seit der letzten Vortat verstrichene Zeitraum sowie die übrigen Umstände tatsächlich die größere Gefährlichkeit des Angeklagten dartun.

Aber schon eine einzige Vortat kann in gewissen Fällen dazu führen, daß der Verbrecher zum „Gewohnheitsverbrecher" erklärt wird. Bei der Regelung der Gewohnheitsverbrecher beobachten wir eine dem Entwurf im allgemeinen fremde Härte, die sich aber auch wie jeder einzelne Punkt des Entwurfs auf den Gedanken der Gefährlichkeit zurückführen läßt. In dem Augenblick, wo nicht mehr die Schuld, sondern die Gefährlichkeit zum Maßstabe der Strafzumessung gemacht wird, muß der Gesetzgeber gegen die Gewohnheitsverbrecher, die der Rechtssicherheit des Staates weitaus am „gefährlichsten" sind, aufs schärfste

---

[1]) Denkschrift, S. 252.

vorgehen. Der Entwurf will zwischen „rückfälligen" und „Gewohnheitsverbrechern" scharf unterschieden wissen. Es kann ein Täter ein Dutzend Vorstrafen haben, ohne „Gewohnheitsverbrecher" zu sein, aber es kann auch eine einzige Tat genügen, um ihn für immer in den Augen des Gerichts zum „Gewohnheitsverbrecher" zu stempeln. Der Entwurf führt die Gewohnheitsverbrecher auf vier Typen zurück:

1. Verbrecher aus angeborenem Hang zu Bluttaten und Gewalttätigkeiten.

2. Verbrecher, die gewohnheitsmäßig leichte Verbrechen, meist Eigentumsdelikte, aus angeborenem Widerwillen gegen regelmäßige Arbeit begehen.

3. Reine Gelegenheitsverbrecher, meist in der Jugend schon verwahrloste, durch kleine Freiheitsstrafen mehr und mehr heruntergekommene Elemente.

4. Berufs- oder gewerbsmäßige Verbrecher, die allein oder in Bandenform aus der Begehung von Verbrechen ein Handwerk machen[1]).

In diesen vier Gruppen glaubt der Entwurf die als Gewohnheitsverbrecher in Frage kommenden Persönlichkeiten erfaßt zu haben, gibt aber selbst zu, daß bei allen vier Typen sowohl der Grad der Gefährlichkeit wie der der Unverbesserlichkeit verschieden ist und der Beurteilung des Richters überlassen bleibt. Das Gericht hat nun den Urheber von 2 oder mehr realkonkurrierenden Handlungen, für die Absonderung als Sanktion bestimmt ist, förmlich zum Gewohnheitsverbrecher zu erklären, wenn, wie Art. 27 sagt, „die Natur und die Einzelumstände der begangenen Verbrechen oder die bestimmenden Motive oder die persönlichen Verhältnisse oder die von ihm beobachtete Lebensführung einen dauernden Hang zum Verbrechen verraten". Zum gesetzlichen Gradmesser tritt also noch ein psychologischer hinzu, bestehend „in dem anthropologischen und soziologischen Merkmal, das in Hinsicht der Persönlichkeit des mehrerer Verbrechen beschuldigten oder rückfälligen Angeklagten aus der Art und Weise der begangenen

[1]) S. Denkschrift, S. 255 f.

Verbrechen abgeleitet wird, soweit sie nicht eine vorübergehende Gelegenheit oder eine plötzliche Wallung, sondern Berechnung und Vorbereitung verraten"[1]. Wer die Erklärung der Gewohnheitsmäßigkeit auszusprechen hat, ob das Gericht, die Geschworenen oder der Vorsitzende, hat die in Vorbereitung sich befindende italienische Strafprozeßordnung zu regeln. Die Denkschrift benutzt aber die Gelegenheit — und das ist für den freiheitlichen Geist, der den Entwurf durchweht, höchst bedeutsam —, sich auf das Entschiedenste gegen die Einrichtung der Geschworenenbank auszusprechen. Das Bestreben der Kommission geht sogar schon soweit, und dem möchte ich beistimmen, die Abschaffung der Geschworenenbank für gemeine Verbrechen vorzuschlagen, vor allem, „weil bei der notwendigerweise immer stärkeren Entwicklung des Strafverfahrens zu einem technischen Prozeß sich immer mehr die Notwendigkeit aufdrängen muß, es technisch geschulten Beamten, ja solchen, die sich speziell mit dem Studium des verbrecherischen Menschen befaßt haben, anzuvertrauen"[2]. Das Strafmindestmaß für Gewohnheitsverbrecher beträgt bei zwei- oder dreimal Rückfälligen 15 Jahre Gefängnis.

§ 43. Geistesschwache Verbrecher.

Die Behandlung der geistesschwachen Verbrecher ergibt sich z. T. schon notwendig aus dem bisher Dargelegten. Eine Grundnorm des Entwurfs ist der Satz, daß Urheber und Teilnehmer eines Verbrechens dafür, außer in den Fällen der Berechtigung zur Tat, stets vor dem Gesetze verantwortlich sind. Aus der Verbindung dieser Bestimmung mit der anderen, daß „Verbrechen jede Tat ist, für die eine der Sanktionen dieses Gesetzbuches bestimmt ist" (Art. 11), geht hervor, daß diese Sanktionen immer anzuwenden sind und lediglich der Persönlichkeit des Beschuldigten angepaßt werden müssen. Die von einem Geistesschwachen — für Minderjährige gilt bis zu einem gewissen

[1] Denkschrift, S. 257.
[2] Denkschrift, S. 250.

Grade dasselbe — begangene Tat ist aber „weder eine vorsätzliche noch eine fahrlässige, sondern eine mehr oder minder gut bewußte Tat“[1]. Darum wird auf sie nicht die gewöhnliche Sanktion angewendet — auch wenn der Irre in „lucida intervalla“ gehandelt hat, auch wenn der Minderjährige bereits das hat, was wir „die zur Erkenntnis der Strafbarkeit erforderliche Einsicht“ nennen —, sondern es tritt immer eine besondere Sanktion ein, die je nach dem die Form fürsorgender oder erzieherischer Absonderung hat. Es erfolgt, und das ist das Wesentliche, aber k e i n Freispruch, sondern in allen an sich zur Verurteilung fähigen Fällen eine Verurteilung, und die Sanktion wird „einzig und allein um der besonderen persönlichen Veranlagung willen, durch die sich ihre Gefährlichkeit geäußert hat“[2], auf Geistesschwache und Minderjährige angewendet. Bei gefährlichen geistesschwachen Verbrechern wird auf Absonderung und Pflege in einer Strafirrenanstalt, in anderen Fällen auf Absonderung und Pflege in einer Überwachungsanstalt erkannt. Sehr zweckdienlich wird die im Art. 32 getroffene Bestimmung sein, wonach „Verbrecher, die, ohne geisteskrank zu sein, sich im Zustande ständiger Vergiftung durch Alkohol oder einen anderen Giftstoff . . .“ befinden, in Arbeitskolonien abzusondern sind. Hiermit wird ein großer Prozentsatz des großstädtischen Verbrechertums getroffen, der bisher entweder bei Bejahung der Zurechnungsfähigkeit und Auswerfung der gewöhnlichen Strafe zu hart, bei Verneinung der Zurechnungsfähigkeit und dadurch bedingten Freispruch zu milde behandelt wurde.

§ 44. Minderjährige Verbrecher.

Das Gebiet „der Jugendlichen“ ist, wie wir bereits bei Würdigung der Grundprinzipien sahen, eines der fruchtbarsten Gebiete für die Ideen des Entwurfs. Auch hier stellt er alles auf die G e f ä h r l i c h k e i t ab. So kennt er keine „Deliktsfähigkeitsgrenze“ von 7 Jahren, wie wir, da

---

[1] Denkschrift, S. 266.
[2] Denkschrift, S. 266.

natürlich das zweijährige Kind genau so „gefährlich" sein kann wie das achtjährige, und da die „Schuld" ja keine Rolle spielt. Der Entwurf unterscheidet also nur, und auch dies lediglich aus straftechnischen Gründen, zwischen Minderjährigen unter 12 und solchen von 12—18 Jahren, da für beide Gruppen verschiedene Sanktionsarten einzutreten haben. Dabei kommt es hinsichtlich des Alters auf den Augenblick des Urteils, nicht auf den der Tat an, da die auszusprechende Sanktion in die Zukunft zu wirken hat und die Tat nur eines der Merkmale der Gefährlichkeit des jugendlichen Täters ist. Der Entwurf teilt die minderjährigen Verbrecher ein in „sittlich nicht Verwahrloste", „sittlich Verwahrloste", „Entartete", solche „mit dauerndem Hang zum Verbrechen" und „Geistesschwache". Grundprinzip bei Festsetzung der Sanktion hat die mehr oder minder gefährliche und mehr oder minder verbesserungsfähige Persönlichkeit des Verbrechers zu sein. Als Sanktionen sind vorgesehen: Aufsicht durch die eigene Familie, Unterbringung in fremder Familie, Erziehungsanstalt, Absonderung in einer Fach- oder Besserungsschule, Schulschiff, Arbeitshaus, landwirtschaftliche Kolonie, — alles Sanktionen, auf die im folgenden noch näher einzugehen sein wird.

III. Titel.
Die Sanktionen.

§ 45. Die verschiedenen Sanktionsarten.

Der dritte, an äußerem Umfange ausgedehnteste Abschnitt des Entwurfs handelt von den „sanzioni", recht und schlecht mit „Sanktionen" oder „Rechtsfolgen" übersetzt[1]). Was haben wir unter „Sanktion" im Sinne des Entwurfs zu verstehen? Die Denkschrift definiert den Ausdruck „sanzioni", allerdings reichlich schwülstig, folgendermaßen: „Es drückt die feststehende und in jeder Ordnung

---

[1]) Diese Übersetzung wählt Kantorowicz in seiner bereits erwähnten Abhandlung „Der italienische Strafgesetzentwurf und seine Lehre".

von physiologischen, biologischen und soziologischen Erscheinungen allgemeingültige Tatsache einer einer Aktion entsprechenden Reaktion aus"[1]). Auch bei der Regelung der Sanktionen geht das Gesetzbuch von dem Gedanken des Gesellschaftsschutzes aus und setzt sich dafür ein, daß „die vom Gesetz für jeden einzelnen Urheber einer verbrecherischen Tat festgesetzten Maßnahmen die letzten Reste eines undurchführbaren Anspruchs auf Vergeltung der Schuld mittels einer Sühne verlieren müssen"[2]). Der Entwurf scheidet von vornherein aus alle der Vorbeugung dienenden Sanktionen, die nach seiner Ansicht in einem Strafgesetzbuch keinen Platz haben und trennt die Sanktionen in solche der Wiedergutmachung, der Unterdrückung und der Ausmerzung. Macht sich eine Absonderung nötig, so hat diese stets auf unbestimmte Zeit zu erfolgen, außer bei der Absonderung auf Lebenszeit, die ja ihrer Natur nach einen bestimmt-unbestimmten Charakter hat. Die Unbestimmtheit ist bei gewissen Sanktionen, so z. B. bei Ortsverweisung, Arbeitspflicht am Tage, Gefängnis, Haft, Schulschiff[3]) u. a., eine „relative", bei anderen, vor allem bei Zuchthaus und Strafirrenanstalt, eine „absolute". Der Entwurf versteht unter „relativer" Unbestimmtheit eine solche, die sich nur zwischen einem bestimmten, zahlenmäßig begrenzten Rahmen ausdehnen kann, während die „absolute" Unbestimmtheit nur nach unten begrenzt, nach oben hin aber unbegrenzt ist[4]).

Ein weiteres Grundprinzip dieses Abschnittes ist, daß die Sanktion in keinem Falle sich ein anderes Ziel setzen darf als „die Sicherung der Gesellschaft, ohne die Rechte der menschlichen Person über die Grenzen der Notwendig-

---

[1]) Denkschrift, S. 278.

[2]) Denkschrift, S. 278.

[3]) Die Übersetzungen der italienischen Sanktionsbezeichnungen stammen zum größten Teil aus der Schrift Kantorowicz, einige aus der deutschen Übersetzung der Denkschrift zum Entwurf.

[4]) Kantorowicz schlägt darum viel klarer vor, zu sagen „Rahmenurteil" und „Urteil ohne Höchstmaß"; Kantorowicz a. a. O., Seite 9.

keit hinaus zu opfern"[1]). Von diesem Gesichtspunkt muß der ganze Strafvollzug beherrscht sein, der übrigens in seiner vollen Ausdehnung vom Richter überwacht werden muß. Gerade hiermit hoffte der Entwurf einen der schwersten Mängel der heutigen Rechtspflege zu beseitigen und eine Einheitlichkeit des ganzen staatlichen Vorgehens gegen den Rechtsbrecher zu erreichen, die sich von der heutigen Verteilung der Funktionen auf Organe, die nichts voneinander wissen, wesentlich unterscheidet.

Dies sind die Ausgangspunkte und die Richtlinien des Abschnittes über die Sanktionen, aus dem nun noch einzelne wesentliche Neuerungen herausgehoben werden sollen. In vier Kategorien teilt der Entwurf alle Sanktionen:

1. Sanktionen für die von Erwachsenen über 18 Jahren begangenen gemeinen Verbrechen.

2. Sanktionen für die von Erwachsenen über 18 Jahren begangenen politisch-sozialen Verbrechen.

3. Sanktionen für die von Minderjährigen begangenen Verbrechen.

4. Sanktionen für die von Erwachsenen über 18 Jahren im Zustande der Geistesschwäche begangenen Verbrechen.

Allein für die von Erwachsenen begangenen gemeinen Verbrechen sieht der Entwurf nicht weniger als sieben verschiedene Sanktionen vor:

a) Die Buße (multa), wie die schlechte, aber kaum besser zu machende Übersetzung des Entwurfs lautet. Denn die Buße im deutschen Sinne als „Wiedergutmachung in Geld" hat der Entwurf als „Überbleibsel mittelalterlicher Einrichtungen . . ., die von einem Geiste der persönlichen Rachsucht eingegeben sind"[2]), streng abgelehnt. Hier dagegen wird unter „multa" nach Art. 46 „Zahlung eines den wirtschaftlichen Verhältnissen des Verurteilten und seiner Familie sowie der Schwere des Verbrechens angemessenen Geldbetrags" zwischen 100 und 100 000 Lire an die staatliche Strafkasse verstanden. Die multa ist also im wesent-

---

[1]) Denkschrift, S. 280.
[2]) Denkschrift, S. 282.

lichen unsere Geldstrafe außer in den im Gesetz bestimmten Fällen bei allen Delikten, die auf Gewinnsucht beruhen. Stirbt der Verurteilte vor der Bezahlung, dann lastet die Strafe auf der Erbmasse.

b) Die Ortsverweisung (esilio locale) bedeutet gegenüber den bestehenden Gesetzen eine Neuerung. Sie besteht in einer dem Verurteilten auferlegten, von drei Monaten bis drei Jahre währenden Frist, während der sich der Verurteilte an bestimmten Plätzen (Tatort, Wohnung des Verletzten usw.) nicht aufhalten darf (Art. 46).

c) Die Verstrickung (confino) ist dieselbe Maßregel ins Positive übersetzt; das Gebot nämlich, sich eine bestimmte Zeit in einer bestimmten Gemeinde aufzuhalten. Gedacht sind beide letztgenannten Maßregeln vor allem für Verbrecher, die in ihrer gewohnten Umgebung zu Unruhestiftung geneigt sind, die aber anderswo leichter einen Konflikt mit den Strafgesetzen vermeiden können.

d) Ein in anderen Gesetzen überhaupt noch nicht vorgesehenes Strafmittel ist die Arbeitspflicht am Tage (prestazione obligatoria di lavoro diurno). Das Wesentliche an dieser Sanktion ist, daß der Verurteilte nur am Tag zur Leistung einer bestimmten Arbeit im Dienste des Staates oder der Gemeinde verpflichtet ist, daß er aber nachts, d. h. nach Schluß der Arbeitszeit, ein freier Mensch ist. Der Entwurf verspricht sich — wie ich glaube, mit Recht — gerade von dieser Sanktion viel. „Auf Gelegenheitsverbrecher und nicht gefährliche Urheber von nicht schweren Verbrechen angewendet, wird sie den Vorteil haben, deren Arbeit in eine Regel zu bringen und ihre berufliche Ausbildung zu vervollkommnen, ohne ihnen auch die nächtliche Haft aufzuerlegen, und ohne sie daher von ihrer Familie zu trennen“[1]).

Hierdurch hofft der Entwurf besonders die schweren Nervenzerrüttungen und Erschöpfungszustände zu beheben, die sich bisher häufig als Folgen der Unterbindung des normalen Geschlechtsverkehrs bei Gefangenen zeigen.

---

[1]) Denkschrift, S. 288.

e) Die Normalsanktion ist und wird auch bleiben unser „Gefängnis". Der Italiener nennt es einfache Absonderung in einem Arbeitshaus oder einer landwirtschaftlichen Kolonie (segregazione semplice in casa di lavoro o colonia agricola) auf relativ unbestimmte Zeit, d. h. mit einem Rahmen von 3—15 Jahren. Diese Sanktion ist auf alle von Gelegenheitsverbrechern oder primären Verbrechern begangenen, nicht außergewöhnlich schweren Delikte anzuwenden. Der Entwurf sieht hier „eigentliche Arbeitshäuser mit einem technisch zur Erzielung von wirtschaftlichen Erträgnissen eingerichteten Industriebetrieb vor"[1]). Dort soll der Verurteilte ein Handwerk erlernen, das ihm später ein ordentliches Leben in Freiheit ermöglicht. Von den Erträgnissen der Arbeit sollen z. T. die Anstaltskosten gedeckt, zum Teil die verletzte Partei entschädigt, z. T. für den Verurteilten gespart werden.

f) Auch bei der verschärften Absonderung (segregazione rigorosa in umo stabilimento di reclusione), die unserem zeitigen Zuchthaus entspricht, indem sie sich von Gefängnis durch strengere Zucht und schwere Arbeit unterscheidet, soll die Arbeit hauptsächlich in freier Luft geleistet werden. Gedacht ist hier vor allem an die Urbarmachung malariaverseuchter Gegenden oder unbebauter Landstriche, da die Wissenschaft jetzt genügend Heilmittel vorbeugender Art kennt, um Schädigungen an der Gesundheit der Arbeiter in solchen Gebieten zu verhindern. Eine Verschickung in die Kolonien ist wegen der hohen Kosten und der Gefahr des Räuberunwesens nicht geplant.

g) Die dauernde Absonderung (segregazione rigorosa perpetua) oder Zuchthaus auf Lebenszeit ist für die „gefährlichsten und entmenschtesten Verbrecher"[2]) vorgesehen. Sie hat auf absolut unbestimmte Zeit zu erfolgen. Sogar hier, bei der strengsten Sanktion, die der Entwurf kennt, ist aber die Einzelzellenhaft am Tage prinzipiell abgeschafft und höchstens im ersten Jahr der Absonderung „zulässig".

---

[1]) Denkschrift, S. 289

[2]) Denkschrift, S 292

Daß der italienische Gesetzgeber bei Behandlung der politisch-sozialen Verbrecher von ganz anderen Voraussetzungen ausgeht als bei dem gemeinen Verbrecher, sahen wir bereits. Die Tat des politisch-sozialen Verbrechers wird im Gegensatz zum gemeinen Verbrechen fast stets altruistisch sein und irgendwelche, vom Standpunkte des Täters aus gesehen „höhere" Zwecke verfolgen. Hauptsanktion soll darum hier die einfache Landesverweisung sein (esilio generale) mit einer Höchstdauer von 10 Jahren. Ist das politisch-soziale Verbrechen aber ein derartiges, daß „sein Urheber auch im Ausland ein ungern gesehener Gast wäre"[1]), so tritt Haft (detenzione semplice) oder verschärfte Haft (detenzione rigorosa) mit einer Höchstdauer von 10 Jahren ein. Beide Sanktionen ähneln unserer „Festung", indem sie in Einzelhaft bei Nacht, auf Wunsch des Verurteilten auch bei Tage, bestehen und der Verurteilte korrespondieren, Besuche empfangen, Bücher, Zeitschriften und Zeitungen lesen darf. Bei der einfachen Haft darf er sich auch, wie bei unserer Festungshaft, geistig und künstlerisch beschäftigen, während bei der verschärften Haft Arbeitszwang besteht.

Für die gesunden minderjährigen Täter sieht der Entwurf drei Sanktionen vor. Als leichteste für die mindergefährlichen, leicht besserungsfähigen Jugendlichen die Familienaufsicht, entweder in eigener oder fremder Familie (liberta vigilata), ferner, wenn technische und erzieherische Unterweisung erforderlich ist, entweder Überweisung an eine Fach- und Besserungsschule (scuola professionale e di currezione) oder an ein Schulschiff (navescuola), je nach Vorleben, persönlicher Veranlagung und Verhältnissen des Minderjährigen. Alle diese Maßregeln haben auf mindestens ein Jahr zu erfolgen und dürfen höchstens bis zum 18. Lebensjahr ausgedehnt werden. Für die gefährlichen Minderjährigen kommt das Jugendgefängnis (casa di lavoro o colonia agricola per minorenni) in Betracht, das Arbeitshaus oder landwirtschaftliche

---

[1]) Denkschrift, S. 293.

Kolonie sein kann mit strenger Disziplin und besonderen Arbeitsregeln. Zurückgebliebene und geistesschwache Minderjährige werden in Überwachungsanstalten oder, wie Kantorowicz weit anschaulicher übersetzt, in „Bewahranstalten" (casa di custodia) untergebracht, wo sie entsprechende Pflege und Erziehung finden. Im Jugendgefängnis und in der Bewahranstalt können sie bis zum 21., nicht nur bis zum 18. Lebensjahr, festgehalten werden. Selbstverständlich ist, daß bei allen diesen Sanktionen die Jugendlichen streng von den Erwachsenen zu trennen sind.

Die geistesschwachen und geisteskranken Erwachsenen, die sich, wie oben dargelegt, genau wie jeder Gesunde vor dem Gesetz zu verantworten haben und demgemäß verurteilt werden, werden entweder in Bewahranstalten untergebracht, ähnlich denen für Jugendliche, oder in Strafirrenanstalten (manicomio criminale), sofern sie gefährlich und tatsächlich geisteskrank sind, oder aber in besonderen Arbeitskolonien (speziale colonia di lavoro), wenn sie nicht geisteskrank oder geistesschwach, sondern — und das ist praktisch ein sehr häufiger Fall — durch chronischen Genuß von Alkohol oder anderen Giftstoffen zerrüttet sind. Hierdurch hofft der Entwurf alle die auf der Grenze vom gemeinen zum geisteskranken Verbrecher stehenden bisher teils — allzu milde — Freigesprochenen, teils — allzu streng — als vollkommen gesunde Verbrecher Verurteilten zu fassen. Bewahranstalt und Strafirrenanstalt haben unter Leitung „eines in Kriminalanthropologie erfahrenen Psychiaters" zu stehen.

Der Entwurf zählt endlich noch einige sogenannte Ergänzungssanktionen auf, die entweder den Charakter der Wiedergutmachung oder den der Vorbeugung tragen. Hierunter fällt die besondere Bekanntgabe des Urteils, um entweder der verletzten Partei oder dem wegen erwiesener Unschuld freigesprochenen Angeklagten eine Genugtuung zu geben. Ein eigenartiges Mittel, um die kurzen Freiheitsstrafen zu umgehen, ist „die Kaution und die Bürgschaft für gute Führung". Gedacht hauptsächlich für die für leichte Verbrechen verantwortlichen ungefährlichen Verbrecher, besteht sie in der Hinterlegung einer Summe Geldes, das zurückgezahlt wird, wenn der Verurteilte sich innerhalb einer Probezeit von 2—5 Jahren gut geführt hat, andernfalls aber dem Staate verfällt.

Aus dem Strafgesetzbuch herübergenommen ist die „Untersagung der Ausübung eines Berufes oder Gewerbes", deren Mindestmaß nur von drei auf zehn Tage heraufgesetzt wurde. Auch die „Aberkennung der bürgerlichen Ehrenrechte" dauernd oder auf Zeit unterscheidet sich nicht wesentlich von der gleichen Bestimmung des italienischen oder anderer Gesetzbücher.

Die Ausweisung des Ausländers (espulsione dello straniero) ist Haupt- oder Zusatzsanktion zur Absonderung und kann bei einem Mindestmaß von zwei Jahren lebenslänglich oder bis zu zehn Jahren erfolgen.

So hätten wir in einer flüchtigen Schau die Fülle von Sanktionen an uns vorüberziehen lassen, die der italienische Entwurf in dem Bestreben vorsieht, dem Richter das notwendige Handwerkszeug zu geben, damit er die Sanktion in möglichst vollkommenem Maße der Individualität des Verbrechers anzupassen vermöchte.

Es sind nicht weniger als 21 Haupt- und Nebensanktionen. Wie weit das zu begrüßen ist oder nicht, wird später zu sagen sein. Jedenfalls erscheint die Zahl der Strafen und Maßnahmen im deutschen Entwurf, verglichen mit den italienischen Vorschlägen, nicht mehr außergewöhnlich hoch.

§ 46. Regelung der Gefängnisarbeit.

Interessante Bestimmungen trifft der Entwurf in dem Kapitel über die Regelung der Gefängnisarbeit. Zunächst ist neu, aber dem Geist des Entwurfes durchaus entsprechend, daß diese überhaupt im Gesetzbuch selbst geregelt werden soll und nicht irgendwelchen Nebengesetzen oder Verordnungen überlassen bleibt. Grundsatz für den Entwurf ist, daß der Verbrecher durch den Vollzug der Sanktion nicht der Verpflichtung, durch seiner Hände

Arbeit für seinen Lebensunterhalt zu sorgen, enthoben werden darf. Die Gefängnisarbeit ist nach erzieherischen und gesellschaftlichen Gesichtspunkten zu regeln und hat zur Erlernung eines Handwerks zu führen. Erwähnt ist bereits, daß der Gefangene gleichen Lohn bei gleicher Zeit wie der freie Arbeiter erhalten soll, und daß der Ertrag seiner Arbeit sich in drei Teile teilt. Von einem Teil wird der Staat für seine Unterhaltskosten entschädigt, von einem anderen Drittel ist, zumindest teilweise, der Schaden der verletzten Partei auszugleichen, vom dritten Teil ist die Familie des Verurteilten zu unterstützen, bezüglich für ihn zu sparen. Gleichartige Sträflinge sind zusammenzulegen; die Arbeit hat „im Lande der Sonne und des milden Klimas" prinzipiell im Freien zu erfolgen. Zu diesen Bestimmungen des Gesetzbuches werden noch solche der Gefängnisordnung hinzutreten. Dort wird vorgesehen, daß Frauen in eigenen Anstalten zu erhalten, daß alkoholische Getränke verboten sind. Der Tag des Verurteilten soll zur Hälfte der Nacht- und Tagesruhe dienen, zur anderen Hälfte der Arbeit und dem Unterricht. Also zwölfstündige Arbeitszeit abzüglich der Pausen! Alle Gefangenen einer Anstalt scheiden sich in drei Gruppen: „Gewöhnliche", „Gute" und „Beste". Der Gefangene beginnt in der Gruppe der „Gewöhnlichen" und kann von einer Gruppe in die andere hin- und zurückversetzt werden, je nach seiner Führung. Die einzelnen Gruppen unterscheiden sich durch Genehmigung und Verweigerung gewisser Rechte und Vergünstigungen. Für aufsässige Gefangene gibt es eine besondere „Strafgruppe."

Eine bedeutsame und mutige Neuerung stellt die Einrichtung des „Überwachungsrates" (consiglio di sorveglianza) dar, der auf Disziplin und Verwaltung der Anstalt entscheidenden Einfluß hat. Wer dem Überwachungsrat angehören soll, geht weder aus dem Entwurf noch aus den Bestimmungen der Gefängnisordnung klar hervor. In Art. 2 der Gefängnisordnung heißt es, daß ihm „auch" ein Verurteilter angehört, und daß in seinen Händen die Anwendung der Hausordnung ruht. Interessant für uns ist vor allem der Gedanke, daß „auch ein Verurteilter aus der Gruppe der Besten" ihm angehören soll, der von den Gefangenen der beiden höheren Gruppen selbst gewählt wird. Ein Parlamentarismus in Reinkultur! Die Denkschrift begründet die Maßnahme: „Diese Anschauung einer moralischen und Rechtspersönlichkeit bei denjenigen Verurteilten, die den Austritt aus der gewöhnlichen Gruppe und den Übertritt in die Gruppe der Besten verdient haben, wird zweifellos als Anreiz zur seelischen Wiederaufrichtung der eigenen Person einen starken und wohltätigen erzieherischen Einfluß ausüben. Auf der anderen Seite aber wird dem Überwachungsrat eine bei den Gefangenen unendlich wirksamere und überzeugendere disziplinäre Autorität verliehen, wenn diese wissen, daß jede, von diesem Überwachungsrat getroffene Maßnahme . . . vorher auch von ihrem natürlichen Vertreter in diesem Rat selbst geprüft und besprochen worden ist"[1]). Endlich bestimmt die Gefängnisordnung noch, daß jede Anstalt einen Verwaltungsleiter haben muß, der sich mit dem wirtschaftlichen Betriebe befaßt, und einen Personalleiter, möglichst einen Arzt, der Spezialist in Kriminalanthropologie und -psychologie sein soll, und der sich ausschließlich mit der Persönlichkeit des Gefangenen und seiner Behandlung und Erziehung zu beschäftigen hat.

§ 47. Gerichtliche Anwendung der Sanktionen.

Weit weniger erfreulich als diese Bestimmungen über den Strafvollzug muten uns die Vorschriften des folgenden Abschnitts: „Gerichtliche Anwendung der Sanktionen" an. Das Bestreben des Entwurfs geht hier darauf, das System der allgemeinen mildernden Umstände fallen und an seine Stelle die Einzelbewertung der Umstände größerer oder geringerer Gefährlichkeit treten zu lassen, und zwar hat das Gericht in jedem einzelnen Falle von der im besonderen Teile vorgesehenen Grundsanktion (sanzione base) auszugehen und bei Bemessung der Sanktion Grad, Dauer und Richtung der Gefährlichkeit des Täters in Betracht zu ziehen. Liegt

---

[1]) Denkschrift, S. 303.

ein einziger Umstand größerer (geringerer) Gefährlichkeit im Sinne des Art. 21 (22) vor, so ist die Strafe in die obere (untere) Hälfte des für die Tat an sich bestehenden gesetzlichen Strafrahmens zu legen. Liegen mehrere Umstände größerer (geringerer) Gefährlichkeit vor, so ist das Höchst(Mindest-)maß des gewöhnlichen Strafrahmens anzuwenden, bezw. noch um ein Drittel zu überschreiten. Bei außergewöhnlich ins Gewicht fallenden Umständen" (Art. 75) größerer (geringerer) Gefährlichkeit kann das Gericht die nächsthöhere (-niedrigere) Sanktion anwenden. Treffen Umstände größerer mit solchen geringerer Gefährlichkeit zusammen, so hat das Gericht zu beurteilen, welche von beiden überwiegen. Diese auf den ersten Blick verwirrende Regelung entbehrt tatsächlich nicht der Klarheit. Ob aber diese komplizierten und mechanischen Vorschriften wirklich den bisherigen „mildernden Umständen" trotz aller ihrer Mängel vorzuziehen sind, bleibt fraglich.

§ 48. Bedingte Verurteilung und gerichtliche Begnadigung.

Von weniger starkem Interesse ist das Kapitel des Entwurfs, das die „Bedingte Verurteilung und gerichtliche Begnadigung" regelt. Unter bedingter Verurteilung wird in Italien das verstanden, was wir „Bedingte Strafaussetzung" nennen. Sie kann nach dem Entwurf für Jugendliche gemäß Art. 36 dann ausgesprochen werden, wenn die Sanktion nicht schwerer ist als einfache Absonderung unter fünf Jahren. Bei Erwachsenen verlangt der Entwurf, um bedingt verurteilen zu können, daß der Täter noch keine Gefängnis- oder Zuchthausstrafe erlitten hat, daß die Tat zu den leichten gehört, und daß mindestens ein Umstand geringerer Gefährlichkeit vorliegt; dann kann der Vollzug der Sanktion für einen Zeitraum von fünf bis zehn Jahren ausgesetzt werden, regelmäßig aber nur einmal und unter Auferlegung gewisser, in Art. 65 genannter Auflagen (Bürgschaft, Verpfändung, Belastung mit einer Hypothek usw.). Begeht der Verurteilte während der Probezeit eine neue Tat oder handelt er den auferlegten Verpflichtungen zuwider, so wird das Urteil vollstreckt.

Die gerichtliche Begnadigung regelt Art. 82. Darnach kann das Gericht den Täter begnadigen, der nicht schon einmal zu einfacher oder verschärfter Absonderung verurteilt ist, wenn außergewöhnliche Umstände geringerer Gefährlichkeit vorliegen oder die Tat eine außergewöhnlich leichte ist. Auch diese Begnadigung unterscheidet sich kaum von der Vorschrift des deutschen Entwurfs, wonach der Richter in „besonders leichten Fällen“ von Strafe absehen kann.

§ 49. Die bedingte Freilassung.

Die „bedingte Freilassung“ des italienischen entspricht der „vorläufigen Entlassung“ des deutschen Entwurfs. „Von der Anschauung ausgehend, daß die bedingte Freilassung eine Fortsetzung des verhängten Urteils ist, hat die Kommission bestimmt, daß auch die Freilassung von einem Akt der Rechtsprechung abhängig gemacht werden muß“ [1]), führt die Denkschrift aus. Die bedingte Freilassung ist also ganz auf den Richter übertragen. Ausgeschlossen von ihr sind die zu dauernder Absonderung Verurteilten. Sie ist an zahlreiche Voraussetzungen geknüpft. Der Verurteilte muß, ist er Erstverbrecher, ein Drittel, ist er ein gewöhnlicher Verbrecher, die Hälfte, ist er „Gewohnheitsverbrecher“, zwei Drittel seiner Strafe verbüßt und sich während dieser Zeit gut geführt haben. War das Urteil ohne Höchstgrenze erlassen, dann müssen mindestens 10, bezw. 20, bezw. 24 Jahre verstrichen sein. Der Verbrecher muß aber, ganz abgesehen davon, daß er sich gut geführt hat, „zum Leben in Freiheit geeignet sein“. Gewohnheitsverbrecher müssen während der Absonderung ein Handwerk erlernt haben sowie beständige Neigung zur Arbeit verraten. Das Gesuch um bedingte Freilassung ist beim Anstaltsleiter einzureichen, und dieser hat — das ist für den Entwurf besonders charakteristisch — ein Gutachten des Überwachungsrates herbeizuführen. Gesuch und Gutachten werden dann dem mit

[1]) Denkschrift, S. 319.

der Vorlegung beauftragten Richter übermittelt, der den Inhalt der Staatsanwaltschaft, dem Verurteilten und der verletzten Partei zur Gegenäußerung bekannt gibt. Die verletzte Partei ist aber nur zur Äußerung auf das Gesuch berechtigt, wenn sie „im Zeitpunkte des Verbrechens“ [1]) — eine etwas unklare Zeitbestimmung, gemeint wird sein „nach Kenntnis von Täter und Tat“ — geklagt hat und noch nicht für den erlittenen Schaden entschädigt ist. Begeht der bedingt Entlassene während der Probezeit ein neues, seine Gefährlichkeit erweisendes Verbrechen, so wird die Freilassung zurückgezogen.

§ 50. Schadensersatz.

Die Regelung des Schadensersatzes nimmt im Entwurf einen unverhältnismäßigen Raum ein, was sich aber aus seiner ganzen Tendenz folgerichtig erklärt. „Da ein geschehenes Verbrechen nun einmal nicht wieder gutgemacht werden kann“, sagt die Denkschrift, „so ist der Ersatz des durch es verursachten Schadens die einzige Abhilfe, die der Staat zum unmittelbaren Schutz des Verletzten leisten kann“ [2]). Daraus erklärt sich die Stellung des Entwurfs, der den Ersatz des durch das Delikt entstandenen Schadens für eine durchaus öffentliche Angelegenheit hält. Von diesem Geist sind alle Bestimmungen dieses Abschnittes, von denen hier nur die wesentlichsten erwähnt werden können, getragen. So wird zunächst bestimmt, daß in jedem Strafurteil die Schadensersatzpflicht aufzunehmen ist und zwar genau spezifiziert „unter Festsetzung der Gesamtsumme“, wenn diese sich aus den Prozeßakten festsetzen läßt, während andernfalls ein Teilbetrag festzusetzen ist. Auch wenn das Verbrechen einen wirtschaftlich abschätzbaren Schaden nicht verursacht hat, kann das Gericht Zahlung eines Geldbetrags (nicht über 50 000 Lire) zu Gunsten der Strafkasse als Zusatzstrafe aussetzen (Art. 90). Immer hat die Staatsanwaltschaft einen Antrag auf Schadensersatz zu stellen (Art. 91). Bereits bei Beginn

[1]) Denkschrift, S. 321.
[2]) Denkschrift, S. 324.

des Verfahrens ist auf das unbewegliche Vermögen des Angeklagten eine Generalhypothek zu legen, die allen anderen vorgeht; das bewegliche Vermögen sowie das Einkommen können beschlagnahmt werden (Art. 91). Nach Eröffnung des Verfahrens darf ein Angeklagter, der nicht genügend Sicherheit geleistet hat, keine Rechtsgeschäfte mehr vornehmen, die zu einer Verminderung seines Vermögens oder Einkommens führen. Die Eröffnung des Verfahrens steht hierin also unserer „Konkurseröffnung" gleich. Verträge zwischen dem Angeklagten und der geschädigten Partei sind verboten und nichtig (Art. 95), was einen sehr wesentlichen Eingriff in die Freiheit des einzelnen bedeutet. Auch für die Sicherheit des Schadensersatzes während des Verfahrens ist gesorgt; schon vor Rechtskraft des Urteils kann bei Gefahr im Verzuge der Verurteilte verpflichtet werden, den festgesetzten Teilbetrag zu bezahlen oder das Weggenommene, soweit es sich in seinem Besitz befindet, zurückzugeben. Sogar Zwangsmaßregeln sind möglich, doch dürfen sie den Angeklagten bezw. Verurteilten nicht ungebührlich schwer belasten (Art. 96, 97).

Die Denkschrift hebt mit Recht hervor, daß alle diese Bestimmungen eigentlich in die Strafprozeßordnung gehören und nur vorläufig in den Entwurf aufgenommen wurden, da sie die notwendige Konsequenz der Gedanken des Entwurfs sind und zunächst einmal überhaupt gesetzlich ausgesprochen werden müssen.

§ 51. Strafkasse und Fürsorgeräte.

Es entspricht weiter der Tendenz des Entwurfs, daß für ihn mit der Entlassung des Verurteilten aus der Sanktion nicht das Interesse am Ergehen des Verurteilten erlöschen darf. „Ein Strafgesetzbuch, das sich . . . von dem doppelten Zweck des besseren Gesellschaftsschutzes gegen den gefährlichen Verbrecher und der besseren Wiederbefähigung der weniger gefährlichen Verbrecher zum Leben in der Freiheit leiten läßt, konnte sich nicht der Notwendigkeit verschließen, eine Staatstätigkeit für die Zeit nach der

Verurteilung in die Wege zu leiten," sagt die Denkschrift[1]). Zu diesem Zweck sieht der Entwurf Fürsorgeräte (consigli di patronato) öffentlichen Charakters vor, denen „eine ständige und methodische Tätigkeit der Überwachung und des Beistands der minderjährigen und erwachsenen Verurteilten während und nach dem Urteilsvollzug obliegen soll"[2]). Der Fürsorgerat setzt sich zusammen aus einem Richter, Staatsanwalt, Strafvollzugsbeamten, Schularzt, weiteren Arzt, Rechtsanwalt und einem Vertreter der Arbeiterorganisation. Damit diese Fürsorgeräte aber mit Erfolg arbeiten können, werden sog. „Strafkassen" einzurichten sein, die durch Bußen, Geldstrafen und Stiftungen gespeist werden sollen. Ihre Einkünfte sind zur Entschädigung unschuldig Verurteilter oder wegen erwiesener Unschuld Freigesprochener, zur Unterstützung und Entschädigung der verletzten Partei und vor allem zur Bereitstellung der Mittel, deren die Fürsorgeräte bei ihrer Tätigkeit bedürfen, zu verwenden.

§ 52. Wirkungen und Vollzug der Verurteilung.

Der Abschnitt über „Wirkungen und Vollzug der Verurteilung" bringt wenig Neues. Hier wird die Einziehung der instrumenta et producta sceleris obligatorisch vorgeschrieben und der Ersatz der Prozeßkosten geregelt. Wesentlich sind hier vor allem die Vorschriften über den Verlust der bürgerlichen Ehrenrechte. Verurteilung zu dauernder oder zeitiger verschärfter Absonderung (Zuchthaus!) hat dauernde Aberkennung zur Folge. Bei einer Verurteilung zu einfacher Absonderung oder zu Bewahranstalt erfolgt die Aberkennung auf Zeit. Daneben gibt es noch andere bürgerlich-rechtliche Folgen einer Verurteilung, so Entmündigung, Verlust der ehelichen und elterlichen Gewalt, Verlust der Testierfähigkeit, des aktiven und passiven Wahlrechts und a. m.

---

1) Denkschrift, S. 335.
2) Denkschrift, S. 335.

§ 53. Löschung der Strafverfolgung und der Verurteilung.

Im letzten Kapitel, das von der Löschung der Strafverfolgung und der Verurteilung handelt, wendet sich der Entwurf entschieden gegen die allzu große Häufung von Amnestien, die das Gefühl für gesellschaftliche Disziplin zerstören und überhaupt durch die Hoffnung auf Straflosigkeit oder Erlaß der Strafe beim Verbrecher „das stärkste Zersetzungsmittel jeder vorbeugenden und unterdrückenden Wirksamkeit der Strafrechtspflege“[1]) bilden. Die Befugnis, Amnestien zu erlassen, soll der gesetzgebenden Gewalt übertragen werden. Bei Regelung der Strafverfolgungsverjährung bringt der Entwurf nichts Neues. Wohl aber bestimmt er hinsichtlich der Verjährung der Vollstreckung oder, wie die Denkschrift unklar sagt „der Verurteilung“, daß dieselbe nicht mehr rein automatisch vom Zeitablauf abhängig gemacht wird. Sie soll überhaupt ausgeschlossen sein bei Verurteilungen zu dauernder Absonderung oder zur Absonderung auf absolut unbestimmte Zeit oder zu Strafirrenanstalt und soll auch bei Gewohnheitsverbrechern und Rückfälligen, die zu verschärfter Absonderung verurteilt sind, nur eintreten, wenn der Verurteilte nach Ansicht des Gerichts durch sein Verhalten zwischen Urteil und möglichem Beginn der Vollstreckung bewiesen hat, daß er nicht mehr gefährlich ist. Durch den Tod erlischt die Strafklage; wohl aber ist die Geldstrafe, wie bereits erwähnt, vererblich.

In den letzten Artikeln des Entwurfs kommt bei der Regelung der Rehabilitation die Abneigung des Entwurfs gegen alle mechanisierende Festlegung durch gesetzliche Vorschrift zum Ausdruck. Die gesetzliche Rehabilitierung wird vollkommen verworfen. „Wenn die gesetzliche Rehabilitierung in Form einer positiven Feststellung einer wirklichen Einkehr und einer sittlichen Läuterung allerdings zugestanden werden muß, so ist es eine Abstraktion, wenn sie in mechanischer Weise, das heißt von Rechts wegen, von dem

[1]) Denkschrift, S. 342.

Ablauf einiger Jahre abhängig gemacht wird und dabei ohne jede Beobachtung der Person des Verurteilten und seines gesetzlichen Gebarens — das, ohne das Strafgesetz zu verletzen, das allerübelste sein kann — lediglich der negative Umstand des Mangels eines Rückfalls vorliegen muß“[1]). Im Gegensatz hierzu sieht der Entwurf eine Rehabilitation unter erschwerenden Umständen durch gerichtliches Urteil auf Antrag des Verurteilten nach bestimmter Zeit vor.

VIII. Abschnitt.
Kritische Würdigung.

§ 54. Einleitung.

Nachdem im vorletzten Kapitel die Grundprinzipien des italienischen Entwurfes dargelegt worden sind und im letzten der wesentlichste tatsächliche Inhalt, ohne dessen Erwähnung eine Stellungnahme zu dem Entwurfe nicht möglich sein würde, soll nun der Versuch einer Kritik der Grundprinzipien mehr als der Einzelheiten des Entwurfes unternommen werden. Vielfach wird es sich dabei erübrigen, das, was der Entwurf gegenüber dem geltenden Gesetze Neues bringt, noch einmal anzuführen, vielmehr wird eine Verweisung auf Früheres genügen und lediglich die kritische Bemerkung Platz zu greifen haben.

Für den, der den italienischen Entwurf kennt, genügen fünf Schlagworte, mit deren jedem sich für ihn unmittelbar sogleich ein ganzes Gedankensystem verbindet. Gemeint sind die Worte: „Verbrechen“, „Verbrecher“, „Schuld“, „Gefährlichkeit“ und „Sanktion“. An Hand dieser fünf Begriffe, die tatsächlich den ganzen Inhalt des Entwurfes bezw. das, was er bekämpft, in konzentrierter Form zum Ausdrucke bringen, soll zunächst eine Kritik der einzelnen Gedankenkomplexe erfolgen, während schließlich der Entwurf und seine Lehre als Ganzes noch zu werten sein werden.

---

[1]) Denkschrift, S. 345.

§ 55. Die Abwandlung des Verbrechensbegriffes.

„Der Verbrecher an Stelle des Verbrechens!“ war die alte Forderung der Positivisten, und der Entwurf ist im weitgehendsten Maße von ihr beherrscht. Es handelte sich darum, wie wir sahen, „den Angelpunkt des Strafgesetzes vom Verbrechen auf den Verbrecher zu übertragen“. Das hat der Entwurf ohne Zweifel getan. Hat er aber dadurch das Verbrechen, die Tat selbst, ganz in den Hintergrund gedrängt? Dies dürfte kaum möglich sein, und dies wollte der Entwurf auch nicht. „Es schließt nicht aus, daß notwendigerweise die objektive verbrecherische Handlung zu berücksichtigen ist, sei es als Rechtsbedingung, die eine auf eine verbotene Handlung bezügliche Gesetzesbestimmung anwendbar macht und das Räderwerk der Strafjustiz in Bewegung setzt, sei es als ein Maßstab für die mehr oder minder große Gefährlichkeit des Täters“[1]. Gerade diese letzte Funktion, äußeres Kennzeichen der „Gefährlichkeit“ zu sein, hat die Tat selbst auch für den Entwurf zu erfüllen. Allerdings mehr als Gradmesser der Gefährlichkeit sind Schwere und Art der Tat nicht. Für die Verfasser des italienischen Entwurfes ist die Tat nicht mehr „Rechtsbruch“, sondern ein durchaus natürlicher Vorgang („un fatto naturale“); ebenso wie eine Nation notwendiger- und natürlicherweise auf der einen Seite große Geistestaten mit einer gewissen Regelmäßigkeit hervorbringt, ebenso spielen sich auf dem Boden der Nationen mit gewisser Regelmäßigkeit und Notwendigkeit auch die Verbrechen ab. Das Verbrechen ist für den Entwurf n u r soziale Erscheinung, die Gesellschaft als Ganzes ist dafür verantwortlich, der einzelne „Unglückliche“ — die Denkschrift verwendet öfter dieses Wort — ist letzten Endes nur ein Opfer das kranken Gesellschaftskörpers. Wenn man auch vollkommen damit einverstanden sein kann, den Verbrecher mehr als bisher in den Mittelpunkt der Strafjustiz zu stellen, mehr auch noch, als dies der deutsche Entwurf tut, der an der Auffassung

[1]) Denkschrift, S. 182.

des Verbrechens als Rechtsbruch festhält und den Grundsatz befolgt, diesen Täter für diese Tat zu bestrafen, so kann man doch einer ins Extrem getriebenen Auffassung des soziologischen Verbrechens, wie es die Denkschrift tut, nicht voll beistimmen. Das Verbrechen wird nicht nur Symptom der sozialen Gefährlichkeit sein, sondern ist doch schließlich auch noch darüber hinaus die Tat eines einzelnen vernunftbegabten Menschen; eines Menschen, der gewiß Glied der Gesellschaft ist, aber doch nicht durchaus willenloses, von dem Überbegriffe Gesellschaft geleitetes und getriebenes Objekt nur, nicht lediglich ein Wesen, das für die Sünden der Gesellschaft, durch es in Tat umgesetzt, dann mit Sanktionen belegt werden muß. Tatsächlich erkennt der Entwurf ja auch die Tat als Rechtsbruch insoweit ganz besonders an, wie er außergewöhnlich eingehende Bestimmungen über den Schutz des Verletzten und den Ersatz seines Schadens vorsieht.

§ 56. Die Abwandlung des Verbrecherbegriffes.

Der Entwurf begeht selbst den Fehler, seinen Verbrecher „deliquente“ zu nennen, obwohl er doch nur nach seiner Ansicht Träger und Ausdruck eines Naturvorganges ist. Der Verbrecher ist für die Verfasser des Entwurfs ein anormaler Mensch, ein Kranker, der Heilung und Pflege bedarf. Wir sahen, daß die Lehre Lombrosos in ihrer letzten Konsequenz Feststellung des geborenen Verbrechertypus gewissermaßen vor Eintritt in die Gesellschaft, etwa nach der Entlassung aus der Schule, erfordern würde und dann je nachdem Absonderung, Ausstoßung oder Erziehung einzutreten habe. Da eine derart starke Prävention tatsächlich nicht durchführbar ist und zugegebenermaßen viele „geborene Verbrecher“ niemals zum Verbrechen gelangen, ist man gezwungen, zu warten, bis der geborene Verbrecher durch eine Tat seine abnorme psychische Veranlagung und damit seine Gefährlichkeit gegenüber der Gesellschaft erwiesen hat. Erst dann hat der Gesellschaftsschutz einzugreifen. Das ist der Grundgedanke des Entwurfes. Rosenfeld resigniert bei Erwähnung dieses Gedankens: „Danach hätten wir in dem Vorentwurfe lediglich ein Kapitel der Irrengesetzgebung vor uns! Bei solcher Grundanschauung muß man Vorsorge treffen, daß überhaupt noch Objekte für die Strafrechtspflege übrig bleiben“ [1]). Dieser Ansicht kann ich nicht beipflichten.

Wäre es wirklich gar so bedauerlich, wenn eines Tages tatsächlich keine „Objekte für die Strafrechtspflege“ mehr übrig blieben? Aber vorläufig ist es wahrhaftig noch nicht so weit! Der Entwurf verwahrt sich gerade immer und immer wieder gegen den Vorwurf, Irre und Verbrecher zusammenzuwerfen, und scheidet doch schon durch seine Sanktionen, wie gezeigt, gründlich und scharf genug zwischen beiden Gruppen. Wesentlicher erscheint mir ein anderer Einwand gegen diese „Verbrechergliederung“ zu sein. Der „Gelegenheitsverbrecher“, der statistisch doch sicher keine geringe Rolle spielt, ist allzu schwer unterzubringen. Er schreitet zur Tat durch ein außerhalb seiner selbst liegendes, abnormes Ereignis bewogen (verletzte Muttergefühle, beleidigter Mannesstolz, abnorme Versuchung, schlechte Gesellschaft usw.) und ist im Augenblick der Tat psychisch anormal, aber doch vorher und nachher sein ganzes Leben lang vielleicht ein ruhiger und friedlicher Staatsbürger. Adolf Lenz hebt in seiner soeben erschienenen Schrift „Ein Strafgesetzbuch ohne Schuld und Strafe“ (Graz 1922) hervor, daß der italienische Entwurf die Mehrzahl der Verbrecher vernachlässige, „bei denen der soziale Anlaß den überwiegenden Verbrechensfaktor darstellt“ [2]).

Der Entwurf lehnt den Verbrecher als Individualerscheinung, wie erwähnt, ab, und wertet ihn nur als soziale Erscheinung, daher gibt er Klassen von Verbrechern an und beschreibt deren Eigentümlichkeit: „Rückfällige“, „Gewohnheitsverbrecher“, „Geistesschwache“, „Minderjährige“. Bei jedem Angehörigen einer dieser Klassen glaubt er ähnliche

---

[1]) Rosenfeld: „Der italienische Strafgesetzentwurf vom Jahre 1921“; Deutsche Strafrechtszeitung 22/3, 4; S. 76 ff.

[2]) Lenz: „Ein Strafgesetzbuch ohne Schuld und Strafe“; Graz 1922, S. 31.

Merkmale beobachten zu können. Diese Klassifizierung ist gefährlich und führt notwendig zu einer schematischen Minderung aller der Individuen, die auf der Grenze von einer Klasse zur anderen stehen, und deren Existenz man doch nicht einfach ableugnen kann. Aber dieser Einwand betrifft nur die theoretische Regelung, die der Entwurf vorsieht, eine vernünftige Praxis wird ganz von selbst Mittel und Wege zur Überwindung dieser Schwierigkeiten finden.

§ 57. Aufgabe des Schuldgedankens.

Der entscheidende Kern der ganzen Reform liegt in der Aufgabe des Schuldgedankens. Aus den bisherigen Ausführungen ist wohl deutlich genug hervorgegangen, daß „Schuld" im Sinne von „moralischer Schuld" der Entwurf nicht kennt. Vielmehr hält er es ja für absurd, Menschen die Funktion Gottes zuzutrauen, die moralische Schuld ihrer Mitmenschen überhaupt und gar erst allein durch die verzerrte Blitzlichtaufnahme der Hauptverhandlung ermessen zu können. Daher hat aus dem vom Staat ausgeübten Amt, wie wir sahen, „jedweder Anspruch auf Bemessung und Bestrafung der m o r a l i s c h e n Schuld oder Verantwortlichkeit des Verbrechers" [1]) auszuscheiden. Einzig und allein, weil der Verbrecher es an einem Minimum gesellschaftlicher Disziplin und Verantwortlichkeit gegenüber der Gesellschaft hat fehlen lassen, einzig deshalb hat gegen ihn eine Sanktion Platz zu greifen.

Dieser Gedankengang unterscheidet sich tatsächlich „radikal" von allem, was bisher über die Schuld gesagt worden ist, und auch die modernen Entwürfe der anderen Staaten stehen dieser Verleugnung des Schuldbegriffes durchaus fern. Nur dann kann nach anderer als italienischer Ansicht der Täter bestraft werden, wenn er schuldhaft gehandelt hat. Selbst wenn wir von Belings Schulddefinition absehen, wonach „die Schuld steigt und fällt ausschließlich je nach der Stärke der Hemmungsvorstellung, die der Täter

---

[1]) Denkschrift, S. 190.

zu Motiven erheben konnte und nicht erhoben hat"[1]), so ist man sich doch in Deutschland darüber einig, daß die moralische Schuld des Täters, wenn nicht die alleinige, so doch die wesentliche Voraussetzung der Strafwürdigkeit zu sein hat. Der italienische Entwurf kennt nur eine „materielle Zurechenbarkeit", eine „Verantwortlichkeit vor dem Gesetze". Der Entwurf rechtfertigt diese radikale Neuerung nicht nur mit der ehrlichen Überzeugung seiner Verfasser von der Unmöglichkeit einer Schuldabwägung durch Menschengeist, sondern glaubt, daß dieses Aufgeben des Schuldbegriffes der Entwicklung unserer Zeit und den Erfahrungen des täglichen Lebens entspreche, daß vor allem das Volk ihn längst überwunden habe. Hierin allerdings scheint er in der Irre zu gehen. Im Volke wurzelt wohl der alte Schuldbegriff noch tief und unverrückbar. Schuld und Strafe sind für das einfache, unverbildete Gemüt zwei selbstverständliche, fast religiöse Worte, die durch die konstruierten Begriffe „Verantwortlichkeit" und „Gefährlichkeit" nicht ohne weiteres abgelöst werden können. Und hierin scheint mir die große Gefahr der Absage an die moralische Schuld zu liegen. Ein Volk, das nicht mehr an die „Schuld" seiner gesetzeswidrigen Handlungen glaubt, sei es, daß der einzelne diesen Begriff in religiösem oder in philosophisch-ethischem Sinn auffaßt, ein Volk, dem gesagt wird: Deine Verbrechen sind keine schuldhaften Handlungen, für die du bestraft wirst, sondern sind ganz natürliche Erscheinungen, notwendige Erscheinungen, Krankheitserscheinungen, die Heilung und Pflege, wenn auch vielleicht unangenehme Heilung und Pflege erfordern, — ein solches Volk läuft Gefahr, das Gebaren eines verwöhnten, überängstlich behandelten Kindes anzunehmen, das seine Übeltaten mit Krankheit und Nervosität zu entschuldigen geneigt ist. So verlockend und eigentlich selbstverständlich der Gedankengang für den geistig und ethisch Höherstehenden ist, die Fähigkeit von Menschen, über die moralische Schuld ihrer Mitmenschen ein Urteil zu fällen, zu verneinen, ein so ge-

[1]) Beling: „Die Vergeltungsidee und ihre Bedeutung für das Strafrecht" 1908, S. 64.

fährliches Geschenk ist diese Verneinung für die Bevölkerung, deren Wohl doch jede Gesetzgebung zum Ziele haben muß. Gewiß ist diese Regelung der Schuldfrage ein „Ideal" im wahrsten Sinne, aber, ob die Menschheit bereits reif ist für dieses Ideal, erscheint zum mindesten zweifelhaft.

Aber selbst wer rückhaltlos die Verneinung der Verurteilung der moralischen Schuld begrüßen würde, müßte doch zurückschrecken vor einer Konsequenz, die der Entwurf zieht und ziehen muß. Art. 18 bestimmt: „Die Urheber und Teilnehmer eines Verbrechens sind dafür stets vor dem Gesetz verantwortlich, es sei denn, daß sie zur Tat berechtigt sind."

Fünf Rechtfertigungsgründe kennt der Entwurf, wie wir sahen. Es ist aber völlig unmöglich, in fünf Schlagworten die Fülle der Möglichkeiten zu fassen, die einen Menschen, der ein Verbrechen begeht, frei von gesetzlicher Verantwortung machen können. Es fehlt bei der Aufzählung nicht nur alles das, was wir „persönliche Strafausschließungsgründe" nennen (Abgeordnetenprivileg, Diebstahl unter Ehegatten usw.), sondern z. B. auch die Einwilligung des Verletzten als Rechtfertigungsgrund und Notstand bei Rettung aus unverschuldeter Gefahr für das Eigentum. Doch das ist nicht das Wesentlichste. Viel schwerwiegender sind die Bedenken, die man gegen die Behandlung der unzurechnungsfähigen Verbrecher hegen muß. Der Art. 18 sagt ja, daß der Geisteskranke genau wie der Gesunde sich für seine Handlungen verantworten muß; denn es soll nicht über moralische Schuld gesprochen, sondern nur der Grad der sozialen Gefährlichkeit vom Gericht erkannt werden, und dieser kann erfahrungsgemäß beim Irren größer sein als beim gesunden Verbrecher. Für Geisteskranke ist, wie erwähnt, je nach der Schwere des Falles entweder Strafirrenanstalt oder Bewahranstalt vorgesehen. Dauernder oder zeitiger Ehrverlust soll auch bei Geisteskranken möglich sein! Gewohnheitstrinker kommen in besondere „Arbeitskolonien". Die Frage ist nur bei dieser Regelung, was ist „Strafirrenanstalt", was ist „Bewahranstalt", was ist „Arbeitskolonie"? Mir erscheint zweifelhaft, ob in der Praxis ebenso wie in der Theorie sich die Strafirrenanstalten und Bewahranstalten von den gewöhnlichen Irrenanstalten nur durch Arbeitszwang, durch gesetzliche Mindestzeit von 3 Jahren bezw. einem Jahr und dadurch, daß sie unter Leitung eines anthropologisch geschulten Irrenarztes stehen, unterscheiden; gerade hier, beim Strafvollzug, kommt alles auf die „Nuancierung" bei der Durchführung der Maßnahmen an. Auf die vorgesehene Pflege legt Kantorowicz kein großes Gewicht; denn Pflege sollen doch auch die gesunden Verurteilten erhalten. Vielleicht ist dem entgegenzuhalten, daß doch zwischen „Pflege" und „Pflege" ein sehr wesentlicher Unterschied sein kann. Dieses Wort ist sehr dehnbar. Sowohl die gebärende Bettlerin wie die in der gleichen Lage sich befindende Millionärsgattin erhalten in den Kliniken „ärztliche Pflege", und doch besteht bekanntlich zwischen beiden Arten von Pflege ein nicht unwesentlicher Unterschied. Es bliebe jedenfalls abzuwarten, ob sich wirklich die Behandlung in den italienischen Strafirren- und Bewahranstalten nicht oder nicht viel von der in den Gefängnissen und Zuchthäusern unterscheidet. Vielleicht wird auch hier erst die Praxis volle Klarheit schaffen. Ganz schlimm aber wird die Sache — und hier kann man tatsächlich mit Kantorowicz von einem „Zurücktaumeln in die Denkweise des 18. Jahrhunderts" sprechen —, was die Heilung anbelangt. Mindestmaß der Sanktion sind, je nach Lage des Falles, ein bis drei Jahre. Also auch, wenn der Verbrecher bereits nach ein, zwei Monaten durch die „Pflege" in der Anstalt völlig geheilt ist, muß er in der Strafirrenanstalt noch seine vollen drei Jahre bezw. mindestens noch ein Jahr absitzen. Nicht einmal durch „bedingte Entlassung" kann ihm geholfen werden, da diese allerfrühestens, wie oben dargelegt, nach einem bezw. drei bezw. neun Jahren erfolgen kann. Ist der Verurteilte aber erst nach Ablauf dieser Mindestzeiten als geheilt anzusehen, dann wird er entweder, wenn er zum „Leben in Freiheit" wieder geeignet ist, entlassen oder aber, wenn dies noch verneint wird, auf relativ unbestimmte Zeit in eine entsprechende Anstalt verwiesen und zwar von der

Bewahranstalt in Haft, Arbeitshaus oder Ackerbaukolonie bis zu 10 Jahren, von der Strafirrenanstalt in Zuchthaus von drei bis zwanzig Jahren oder verschärfte Haft von zwei bis zehn Jahren in der Arbeitskolonie, im Gefängnis oder Zuchthaus (Art. 89). Kantorowicz — und wer könnte hier nicht beistimmen? — bemerkt hierzu: „Daß solche Bestimmungen Gesetzeskraft erhalten, ist undenkbar. All unser Rechtsgefühl bäumt sich dagegen auf, daß der Unglückliche, der in geistiger Umnachtung oder in verminderter Zurechnungsfähigkeit gehandelt hat, genau wie der bewußte Frevler aufs härteste bestraft werden soll“[1]). Ob Ferri wirklich, wie Kantorowicz meint, bewußt und gewollt diese Konsequenzen beachtet hat, erscheint zweifelhaft. Vielleicht sind sie ihm bewußt und hat er sie nur um der konsequenten Durchführung der „Lehre“ willen in dieser Form aufgenommen, wissend, daß seine Italiener von dem „Oder“, das bezeichnenderweise diesen mittelalterlich grausamen Drohungen nie fehlt, Gebrauch machen und in solchen Fällen höchstens Ackerbaukolonie, verschärfte Haft oder Gefängnis anwenden werden. Dann aber wäre dies zum mindesten ein sehr gewagtes Spiel.

Nicht zu verstehen ist, warum Rosenfeld sich daran stößt, daß „zwar der generelle Schuldb e g r i f f verschwunden ist, daß die Schuldf o r m e n des Vorsatzes und der Fahrlässigkeit aber ruhig weiterbestehen“[2]). Auch ein Gesetzbuch, das ein Werturteil über die moralische Schuld dem Richter nicht zuerkennt, kann und muß doch die vorausgesehene und gewollte Tat von der außerhalb der Absichten des Urhebers gelegenen unterscheiden. Wenn Rosenfeld meint, daß es nach der Ansicht des Entwurfes „doch ganz gleich sein müßte, ob die soziale Gefährlichkeit eines Menschen sich in absichtlicher oder unabsichtlicher Tat äußert“, so kann dem nicht beigestimmt werden. Der Bursche, der mit seinem Fahrrad absichtlich seine ihm leidige Wohnungsvermieterin überfährt, um damit seine Gläubigerin loszuwerden, ist m. E. wesentlich „gefährlicher“

[1]) Kantorowicz: a. a. O., S. 28.
[2]) Rosenfeld: a. a. O., S. 77.

als der, der infolge von Menschengewühl oder als Neuling auf dem Rade dies unabsichtlich tut. Gerade wenn man die Gefährlichkeit des Täters ermessen will, muß man auf seine psychische Einstellung zur Tat zurückgehen.

Zusammenfassend ist dabei zu sagen: Die Ausschaltung der Beurteilung der moralischen Schuld ist theoretisch zu begrüßen, ihrer praktischen Durchfühnurg nach ist sie nicht ohne Gefahr für das Strafrecht, das dadurch möglicherweise „entsittlicht, das leicht der parallelen Wirksamkeit mit der gesellschaftlichen Ethik beraubt"[1]) wird. Die Konsequenzen aber, die der Entwurf für die Behandlung der zwar geheilten, aber noch nicht wieder für das Leben in Freiheit tauglichen geisteskranken Verbrecher zieht, sind, finden sie in dieser Form ihre praktische Durchführung, zu verwerfen.

§ 58. Die Gefährlichkeit.

Die Gefährlichkeit hat an Stelle der moralischen Schuld das Kriterium für Art und Maß der Strafe, für die Sanktion, abzugeben. Nicht schon die zu vermutende Gefährlichkeit, die Gefährlichkeit an sich, führt zum Eingreifen des Staates, sondern der Mensch muß seine Gefährlichkeit erst durch seine antisoziale Tat bewiesen haben. Dann greift die Sanktion ein. Das ist ein äußerst wunder, kaum vermeidbarer Punkt. Tausende von sehr „Gefährlichen" laufen frei herum, weil sie noch nicht Gelegenheit genommen haben, die Behörde auf sich aufmerksam zu machen, andere, vielleicht viel weniger Gefährliche, sind der Freiheit beraubt. Aber wann und wo wäre das zu vermeiden!

Der Entwurf nimmt weiter einen anormalen physischen und psychischen Zustand beim Täter an, zum mindesten im Augenblicke der verbrecherischen Handlung. Hieraus zieht er den Schluß auf die Gefährlichkeit. Das freilich ist eine bedenkliche Entgleisung des Entwurfs. Denn eine anormale Beschaffenheit nur im Augenblicke der Tat berechtigt doch wirklich nicht dazu, den Verbrecher auf Jahre hinaus für sozial gefährlich zu halten. Lenz hebt hervor, daß man

[1]) Lenz: a. a. O., S. 32.

„von einer Gefährlichkeit als einem Zustande nur dann reden kann, wenn der überzeugende Verbrechensfaktor nicht in der sozialen Umwelt, sondern in der geistigen Disposition des Verbrechers zu suchen ist“ [1]). Die aber ist doch nicht vorhanden, wenn der Täter nur einmal in seinem Leben, z. B. nur im Augenblick, als er die Brieftasche stahl, „gefährlich“ war. Dann dürfte die Gefährlichkeit nicht so ausschließlich zum Kriterium der Sanktionen gemacht werden, wie es der Entwurf tut, sondern nur als entscheidender Faktor bei Bestimmung von Art und Maß der Sanktion in Frage kommen.

Der Einwand, den Rosenfeld gegen die „Gefährlichkeit“ erhebt, kann nicht als entscheidend angesehen werden. Rosenfeld ist der Ansicht, daß, wenn dem Richter die Fähigkeit des ethischen Werturteiles über den Angeklagten abgesprochen wird, er doch ebensowenig seine Gefährlichkeit ermessen könne; denn auch dazu müsse man die Gesamtpersönlichkeit des Täters in Betracht ziehen. „Der Einwand, daß man die zahllosen Vorbedingungen hereditärer, charakterologischer, sozialer Art nicht zu überschauen vermöge, mußte die Aufgabe, die Gefährlichkeit des Täters abzuschätzen und die Sanktion an diese anzupassen, ebenfalls lahmlegen“ [2]). Gewiß sind „Schuld“ und „Gefährlichkeit“ Faktoren, deren tiefster Kern dem Auge des Richters immer verborgen bleiben wird. Aber im übrigen gibt es doch zahllose äußere Beweise der Gefährlichkeit: Verhalten vor, bei, nach der Tat, Lage des Falles, Persönlichkeit des Täters, — die alle dem Richter zur Beurteilung und Abwägung der Gefährlichkeit gegeben sind, während zur Beurteilung der Schuld zu diesen äußeren Umständen als entscheidende Faktoren rein seelische, nicht meß- und wägbare Vorgänge hinzukommen, die sich unseren Blicken entziehen. Hinzukommt, daß, wie Lenz sagt, „die Schuld, die nur auf die Tat bezogen wird, notwendigerweise eine bestimmte Strafdauer erfordert, nicht aber die Schuld als Ausfluß der

---

[1]) Lenz: a. a. O., S. 34.
[2]) Rosenfeld: a. a. O., S. 78.

Persönlichkeit"[1]). Hier haben vielmehr unbestimmte Strafurteile zu erfolgen, und der Vollzug richtet sich nach dem Anhalten der Gefährlichkeitssymptome.

Schwere Bedenken kann man, wie schon oben erwähnt, gegen die Aufzählung der Umstände größerer und geringerer Gefährlichkeit hegen, und es erscheint wirklich fraglich, ob dies „modernem" Gefühl entspricht und nicht vielmehr mittelalterlich-primitiv anmuten muß. Auch bedeuten sie nicht die geringste Neuerung, da sie nur an die Stelle der bisherigen „Straferhöhungs-" und „Strafmilderungsgründe" treten. Wir haben oben schon Gelegenheit genommen, das beinahe Infantile in der Anordnungsweise mancher dieser Bestimmungen von Art. 21, 22 herauszuheben. Als ob nicht gerade die Verfasser des italienischen Entwurfes wüßten, daß die Vielgestaltigkeit des Lebens und die Kompliziertheit der Seelenvorgänge im Verbrecher sich nicht in Worte und Artikel bannen lassen! Der Entwurf wollte allerdings hierin nur dem Richter Anhaltspunkte bei der Bewertung der Gefährlichkeit geben, aber, da doch der Entwurf dem Richter eine freie und verantwortungsvolle Stellung gibt, hätte man getrost auch hier noch den Mut haben können, auf diese äußerliche Aufzählung gefährlicher und weniger gefährlicher Momente zu verzichten. Auch ist es keineswegs an dem, daß der Richter in diesen Artikeln nur ein Geländer für den Steg der Gefährlichkeitsbewertung vorfindet, sondern äußerst bedenklich ist, daß er bis zu einem gewissen Grade streng daran gebunden ist. Artikel 75 Abs. 1 bestimmt nämlich: „Bei Vorliegen eines Umstandes größerer Gefährlichkeit allein wendet das Gericht die Sanktion in einem Ausmaß an, das nicht unter dem Mittel zwischen der für das begangene Verbrechen bestimmten Mindest- und Höchstgrenze liegt." Das scheint allerdings noch gefährlicher, als es in Wahrheit ist; denn irgend einer der siebzehn Umstände „größerer" Gefährlichkeit liegt doch schließlich bei jeder Tat vor und, wenn es auch nur ein verwerfliches Verhalten des Täters nach der Tat „gegen

[1]) Lenz: a. a. O., S. 34.

den Verletzten oder Geschädigten oder seine Angehörigen, gegen die anwesenden oder hinzugekommenen Personen" im Sinne von Punkt 18 des Artikels 21 wäre. Es ist aber zu berücksichtigen, daß in allen Fällen auch irgend einer der acht Umstände, die eine geringere Gefährlichkeit bekunden, vorliegen wird. Und dann kommen schon die Bestimmungen des Artikels 75 nicht mehr in Betracht. So wird in der Praxis kaum ein Fall vorkommen, wo ein Umstand größerer Gefährlichkeit allein vorliegt, und wo darum der Richter an die Anwendung von Art. 75 gebunden wäre. Jedenfalls ist diese ganze Aufzählung der „Gefährlichkeit" unerfreulich scholastisch und entspricht in nichts dem Geiste des Entwurfs.

§ 59. Sanktion.

„Die durch die Auseinandersetzungen der beiden Strafrechtsschulen herausgebildete Antithese von Strafe und sichernder Maßnahme ist aber nicht die letzte Lösung des Problems. Die wissenschaftliche Arbeit an den Grundbegriffen des Strafrechts wird weitergeführt werden. Die Antithese wird einer neuen Synthese weichen. Diese aber dürfte darin bestehen, daß die Strafe als Unterart der sichernden Maßnahme erkannt und, dem sie bestimmenden Zweckgedanken gemäß, als Waffe im Kampf gegen den Verbrecher verwendet wird"[1]). Diese prophetischen Worte Liszts, vor Jahrzehnten geschrieben, muten uns im Hinblick auf den italienischen Entwurf wie ein Ausspruch aus unseren Tagen an. „Die Antithese wird einer neuen Synthese weichen!" Dies hat sie im Entwurf im weitgehendsten Maße getan. Was auch der Entwurf an Rechtsfolgen vorschreibt, ist weder „Strafe" noch „sichernde Maßnahme", sondern etwas Drittes: Die Synthese Sanktion. Wenn ein Gesetzbuch keine „Schuld" kennt, kann es auch keine „Strafe" im bisherigen Sinne kennen. Es ist im Laufe dieser Arbeit wohl genügend hervorgehoben worden, was der Entwurf mit seinen Sanktionen will; negativ ausgedrückt alles, — nur nicht vergelten. Daß er in seinem Bestreben, alle An-

[1]) Liszt: „Lehrbuch des Strafrechts"; 23. Aufl., S. 26.

spielungen an die Vergeltung einer sittlichen Schuld zu vermeiden, in seiner Terminologie vielleicht allzu ängstlich und kleinlich ist, ist gewiß kein Vorteil, aber begreiflich, wenn man bedenkt, daß diese Gedanken hier zum erstenmal eine gesetzliche Regelung erfahren sollen. Allerdings merkt man gerade bei der Regelung der Sanktionen, daß der Entwurf unmöglich alle Brücken nach rückwärts abbrechen konnte und etwas völlig Neues zu schaffen vermochte. Auch er ist „Geist vom Geiste seiner Vorgänger“[1]. Der Titel des Gesetzbuches heißt „codice penale“, was man doch schließlich mit „Strafgesetzbuch“ zu übersetzen hat, und in der Ferrischen Begründung ist keineswegs das Wort „Strafgesetz“ eine Seltenheit. Mit dem besten Willen kann ich hierin aber keine schweren Fehler des Entwurfes erblicken, wie Rosenfeld[2]) und in gewissem Sinne auch Kantorowicz[3]) es tun. Allerdings mutet die entrüstete Zurückweisung jeder „Anspielung an die Vergeltung einer sittlichen Schuld“ einerseits und die Verwendung der alten Bezeichnung „Strafe“ und die der „Zuchthäuser“ und „Gefängnisse“ unter dem Namen einfacher und verschärfter Haft andererseits eigentümlich an, aber — Name ist Schall und Rauch! Wesentlich ist doch nur die gesetzliche Idee, die hinter den Worten liegt, und daß diese sich von den früheren Gesetzen nachhaltig unterscheidet, kann kaum geleugnet werden. Gefährlich ist — wie schon bei Erörterung der Schuldfrage erwähnt wurde — insofern die Ausscheidung des Begriffes „Strafe“, als dadurch bei der Menge der Bevölkerung Unheil angerichtet werden kann. Das Volk, der einzelne Verletzte überläßt seine Privatrache nur dann gern der Staatsgewalt, wenn er weiß, daß der Täter für das Übel, das er ihm angetan hat, nun ein Leiden auferlegt bekommt. „Das Volk würde es nie verstehen, daß allein beim Verbrechen das Schicksal, das man sich sonst durch eigenes Verhalten mitbereitet hat, nicht auch den Verbrecher treffen soll. Da die Gesellschaft das

---

1) Kantorowicz: a. a. O., S. 29.
2) Rosenfeld: a. a. O., S. 78 ff.
3) Kantorowicz: a. a. O., S. 29 ff.

gemeinschädliche Verhalten des Verbrechers als ein Übel empfindet, muß auch die öffentliche Rechtsfolge des Verbrechens ein Übel sein"[1]). Dieser Einwand gegen die Regelung der „Sanktionen" wiegt in der Tat schwer und steht dem gegen das Aufgeben des Schuldgedankens gleich. Auch hier kann man nur entgegenhalten, daß das Volk eben im Laufe der Jahrzehnte und Jahrhunderte zu einer solch hohen ethischen Stellung erzogen werden muß, daß es jedes Rachegefühl ausschaltet und den Verbrecher nur als einen durch unglückliche Umstände gefallenen und der Erziehung und Besserung bedürftigen Mitmenschen anzusehen lernt. Dann wird der einzelne auch bereit sein, auf jede Vergeltung zu verzichten und vielmehr dem Staate vertrauensvoll die Maßnahmen gegen den Täter überlassen.

§ 60. Strafzumessung.

Was die Strafzumessung angeht, so haben wir in dem Abschnitt über die Gefährlichkeit bereits Bedenken geltend gemacht, die sich vor allem gegen den Artikel 35 richten. Allgemein muß gesagt werden, daß die Mindestmaße der nach oben unbestimmten Verurteilungen viel zu hoch gegriffen sind und der Entwurf in den gleichen Fehler verfallen ist, den das deutsche Strafgesetzbuch bei der Regelung des Rückfalls gemacht hat. Unbegreiflich erscheint z. B., warum bei Zuchthaus, bei verschärfter Haft und bei Jugendgefängnis ohne Höchstmaß zehn Jahre die Mindestdauer ist. Die Höchstdauer der zeitigen Gefängnisstrafe (fünfzehn Jahre) und der zeitigen Zuchthausstrafe (zwanzig Jahre) ist für unsere Begriffe reichlich hoch. Auch gegen die Fülle der verschiedenen Freiheitsstrafen könnte man sich wenden. Das soll jedoch nicht geschehen. Im Gegenteil erblicke ich gerade hierin einen Vorzug des Entwurfs. Rein theoretisch gedacht müßte es eigentlich für jeden Täter eine besondere Sanktionsart geben; denn so wenig ein Mensch dem anderen gleicht, so wenig dürfte eine Maßnahme, die man gegen ihn vornimmt, der anderen gleichen. Praktisch

[1]) Lenz: a. a. O., S. 36.

ist das freilich undurchführbar, aber trotzdem ist eine gewisse Vielgestaltigkeit im Strafensystem unserer Zeit und noch mehr der Zukunft nicht zu vermeiden. Wenn Kantorowicz meint, daß die verschiedenen Freiheitsstrafen des italienischen Entwurfes nur ganz ungenügend voneinander geschieden sind, was schon aus der von ihm aufgestellten Tabelle hervorgehe, so ist dem entgegenzuhalten, daß die Unterschiede in den Sanktionen sich wohl kaum vom Papier ablesen lassen, sondern sich in den tausend Einzelheiten des Vollzuges äußern müssen. Wenn Kantorowicz fragt, was der Unterschied von Gefängnis und Zuchthaus ist, so weist schon die Tabelle, die er seiner Arbeit beigibt, manchen Unterschied auf. Es ist für den Täter nicht gleichgültig, ob er mindestens drei Monate oder mindestens sechs Monate oder höchstens 15 oder höchstens 20 Jahre abgesondert wird, ob er einen oder sechs Monate in Einzelhaft gehalten werden darf, ob und wie lange Ehrverlust gegen ihn erkannt werden kann, ob er während der Absonderung entmündigt ist oder nicht. Mindestens ebenso wesentliche Differenzierungen aber wird der Vollzug selbst bringen. Die ganze Einteilung des Tages, die Kost, die Beschäftigung, die Einrichtung der Zelle, — das alles sind Dinge, die für den Verurteilten die größte Rolle spielen, und worin sich eine Sanktion sehr wesentlich von der anderen unterscheiden kann. Freilich — hierin ist Kantorowicz leider beizustimmen — eine sehr heikle Frage ist, ob die Italiener, „die in Kulturfragen eine offene Hand haben“[1]), die enormen Kosten aufbringen werden, die ein Strafvollzug beansprucht, wie ihn der Entwurf fordern muß. Zwanzig verschiedene Strafanstalten würden mindestens eingerichtet werden müssen. Und das in einer Zeit, die das Zeichen „Sparen“ auf der Stirne trägt! Aber zunächst handelt es sich ja bei Erörterung des Themas speziell um Italien, dessen finanzielle Lage weit günstiger ist als die unsere. Und dann sind dies solch weitausschauende Pläne, daß es keinesfalls ausgeschlossen erscheint, sie im Laufe der

---

[1]) Kantorowicz: a. a. O., S. 19.

Jahrzehnte auch mit bescheidenen Mitteln zu verwirklichen, ohne daß die Befürchtung Kantorowicz' eintreten muß, „daß in derselben Anstalt verschiedene Namen auf ebenso viele Pappstücke geschrieben werden“[1]). Für Italien ist hier nichts zu fürchten. Solange Ferri am Ruder ist, wird er sicher seines Geistesproduktes, des Entwurfes zuliebe alles daransetzen, um die Mittel flüssig zu machen für eine sinngemäße Strafvollziehungsreform.

§ 61. Zusammenfassende Beurteilung.

Absichtlich wurden in dieser kritischen Würdigung des Entwurfes, nur die wesentlichsten Punkte herausgegriffen. Durch eine allzu große Fülle hätte die Klarheit des Bildes leiden müssen. Daß der Entwurf noch außerdem zahllose einzelne Punkte enthält, die jeder Beurteiler anders wünschen würde, ist selbstverständlich. Aber für uns Ausländer ist vor allem der Gedankengang als solcher, sind die Grundpfeiler des neuen Gebäudes wesentlich. Den Ausbau des Hauses müssen die Italiener selbst vornehmen. *Ganz beiseite gelassen sind bei der kritischen Betrachtung alle die Punkte, denen ich rückhaltlos zustimmen kann*, und wo eine Kritik zwar — wie an allem Geschaffenen — möglich, aber an den Haaren herbeigezogen wäre. Es sind nicht wenige Stellen des Entwurfes. Die Darstellung wird zur Genüge, auch ohne ausdrückliche Beteuerung, ersichtlich gemacht haben, daß das Werk, dessen Betrachtung diese Seiten gelten, als Ganzes bejaht werden konnte. Verneint nur muß mit allem Nachdruck die Anmaßung werden, der Entwurf sei etwas vollkommen Neues, mit keinem Strafgesetzbuche der Erde in Beziehung Stehendes. Auch er ist nur Entwicklung und Übergang zu Neuem. Auch ihm ist es nicht gelungen, das Strafrecht ganz frei zu machen vom Recht, zu strafen, auch ihm haften noch notwendigerweise genug „Schlacken“ von der Idee der Vergeltung an, und Strafe bleibt ein Übel, mag man es nun im Freien oder im Kerker vollziehen, mag

[1]) Kantorowicz: a. a. O., S. 19.

man es Strafe oder Sanktion nennen. „Ihrem Wesen nach ist Strafe Vergeltung, — ihr Zweck mag sein, was er wolle“ [1]).

Der Entwurf allein ist notwendig Stückwerk. Um das Ganze seiner Idee zu verwirklichen, dazu gehören Jahrzehnte des Ausbaues. Der besondere Teil, der gerade für die Verfasser des allgemeinen Teils mannigfache Klippen bieten wird, ist fertigzustellen. Eine neue Beamtenschaft muß heranwachsen. Uralte Begriffe des Volkes müssen allmählich umgebildet werden. Zwanzig verschiedene Verwahranstalten sind einzurichten. Eine neue Strafprozeßordnung ist zu schaffen. Erst dann haben wir eigentlich das Recht, einen endgültigen Urteilsspruch über den Entwurf zu fällen. Was heute schon da ist, ist wenig genug und doch auch viel genug. Für den, der nach Tatsachen ruft, nach äußerlichem Sichtbarsein, fast nichts, nicht mehr als ein im einzelnen an vielen Stellen brüchiger und angreifbarer Entwurf zu einem Gesetzbuche; für den, dem die Idee, die dahintersteht, das Wesentliche scheint, viel genug. „Mit diesem Entwurf wird das furchtbare, aber notwendige Amt der Strafjustiz nach viel Jahrtausenden qualvoller Schrecken und nach einem Jahrhundert einer gewissen Milderung in eine ganz andere Atmosphäre gerückt, eine Atmosphäre, nicht mehr der Strafe und des Jammers, sondern einer für den Schutz der staatsbürgerlichen Gemeinschaft von den gefährlicheren Verbrechern wirksameren, einer menschlicheren und hinsichtlich der weniger gefährlichen Verbrecher gesellschaftlich nützlicheren Behandlung“ [2]), führt die Denkschrift aus. Vielleicht ließe sich dasselbe für unser Gefühl klarer und einfacher sagen, aber ein Italiener bleibt ein Italiener! Und daß in diesem Entwurf eine, je nach der Stellung des Beurteilers abzulehnende oder begrüßenswerte, aber jedenfalls eine andere Atmosphäre herrscht als in anderen Gesetzbüchern und Entwürfen, — das kann niemand leugnen. Auch Kantorowicz kann in seiner Schrift über den Entwurf ebenso wie Lenz in der seinen im Gegensatz zu Rosenfeld,

[1]) Kantorowicz: a. a. O., S. 31.

[2]) Denkschrift: S. 348.

der den Entwurf „ein innerlich unfertiges Experiment“, „in Engherzigkeit und Schematismus erstickt“ [1]), nennt, seine Bewunderung für das Werk im ganzen nicht versagen. Kantorowicz nennt ihn eine „kühne, vorurteilslose, folgerichtige, von hohem Idealismus und männlicher Tatkraft getragene, in unglaublich kurzer Zeit auf den ersten Wurf gelungene Schöpfung“. Kantorowicz bekennt, ein Buch schreiben zu müssen, solle er seine Zustimmung zu dem Entwurfe begründen. „Hier sind durchweg Männer vom ‚Ja — also‘ am Werk gewesen, während anderswo die die Herren vom ‚Ja — aber‘ die Feder führen“ [2]). Niemand verkennt die Vorzüge des deutschen Entwurfs, der den italienischen an Klarheit, Folgerichtigkeit des Aufbaues, Schärfe des Ausdruckes übertrifft. Ein sachlich wertender Vergleich ist nicht am Platze; denn jedes Gesetzbuch muß der Nation entsprechen, für die es geschaffen ist, und was hier „gut“, kann dort „schlecht“ sein und umgekehrt. Wohl aber kann ein Vergleich ausgesprochen werden, der sich freihält von jedem Werturteil. Der italienische Entwurf verhält sich zum deutschen, sagt Kantorowicz unnachahmlich treffend, „wie ein Fresko Tintorettos zu einer Handzeichnung Albrecht Dürers. Da muß man denn einige barocke Willkür und großartige Verzeichnungen in den Kauf nehmen“. Dem einzelnen bleibt es dabei überlassen, ob ihm Tintoretto oder Dürer näher steht.

Der häufigste Vorwurf, den man den italienischen Positivisten und der Schule Lombrosos machte, und den man — abgesehen von der Behandlung der geisteskranken Verbrecher — auch dem italienischen Entwurfe macht und machen wird, ist der Vorwurf übertriebener Milde. Der Verbrecher, der als „Kranker“ der „Heilung“ und „Pflege“ bedarf, der nicht „schuldig“, sondern „gefährlich“ ist, wird als Gefahr für die Verbrecherbekämpfung hingestellt. Vielleicht ist es dieser Arbeit gelungen, zu überzeugen, daß diese Gefahr nicht besteht, daß im Gegenteil die Maßregeln des italienischen Entwurfes gegen die Sintflut der

[1]) Rosenfeld: a. a. O., S. 79.
[2]) Kantorowicz: a. a. O., S. 16.

Verbrechen wirksamere Mittel bieten werden als das staatliche Vorgehen bisher. Aber — abgesehen hiervon — möchte ich glauben, daß Milde und Verständnis gegenüber dem gefallenen Menschen besser ist als Grausamkeit, Härte und Verleugnung des Gemeinsamen, das jeden Menschen, auch den besten, mit jedem anderen, auch dem schlechtesten, verbindet.

Kein geringer Fürsprech steht uns in dieser Ansicht bei Seite. Vor genau hundert Jahren schrieb Goethe im vierten Kapitel des ersten Teiles der Wanderjahre:

> „Welchen Weg mußte nicht die Menschheit machen, bis sie dahin gelangte, auch gegen Schuldige gelind, gegen Verbrecher schonend . . . zu sein! Gewiß waren es Männer göttlicher Natur, die dies zuerst lehrten, die ihr Leben damit zubrachten, die Ausübung möglich zu machen und zu beschleunigen. Des Schönen sind die Menschen selten fähig, öfter des Guten; und wie hoch müssen wir daher diejenigen halten, die dieses mit großen Aufopferungen zu befördern suchen!"

Druck von Julius Beltz in Langensalza.

Kolibri 360 GmbH
Ferdinand-Jühlke-Straße 7
99095 Erfurt, Deutschland
produktsicherheit@kolibri360.de